PROFESSORES REFLEXIVOS EM UMA ESCOLA REFLEXIVA

EDITORA AFILIADA

Questões da Nossa Época
Volume 8

Dados Internacionais de Catalogação na Publicação (CIP)
(Câmara Brasileira do Livro, SP, Brasil)

Alarcão, Isabel
   Professores reflexivos em uma escola reflexiva / Isabel Alarcão. — 8. ed. — São Paulo : Cortez, 2011. — (Coleção questões da nossa época ; v. 8)

   Bibliografia.
   ISBN 978-85-249-1598-7

   1. Educação - Finalidades e objetivos 2. Professores - Formação profissional I. Título. II. Série.

10-03290   CDD-371

Índices para catálogo sistemático:

1. Escolas reflexivas : Educação   371
2. Professores reflexivos : Educação 371

Isabel Alarcão

PROFESSORES REFLEXIVOS EM UMA ESCOLA REFLEXIVA

8ª edição
6ª reimpressão

PROFESSORES REFLEXIVOS EM UMA ESCOLA REFLEXIVA
Isabel Alarcão

Capa: aeroestúdio
Preparação de arquivos: Solange Martins
Revisão: Maria de Lourdes de Almeida
Composição: Linea Editora Ltda.
Coordenação editorial: Danilo A. Q. Morales

Nenhuma parte desta obra pode ser reproduzida ou duplicada sem autorização expressa da autora e do editor.

© 2003 by Autora

Direitos para esta edição
CORTEZ EDITORA
Rua Monte Alegre, 1074 — Perdizes
05014-001 — São Paulo – SP
Tel.: (11) 3864-0111   Fax: (11) 3864-4290
E-mail: cortez@cortezeditora.com.br
www.cortezeditora.com.br

Impresso no Brasil — fevereiro de 2024

Sumário

Prefácio 7

Capítulo 1 — Alunos, professores e escola face à
sociedade da informação.. 13

Capítulo 2 — A formação do professor reflexivo 43

Capítulo 3 — Contributos da supervisão pedagógica
para a construção reflexiva do conhecimento
profissional dos professores 65

Capítulo 4 — Gerir uma escola reflexiva 83

Referências bibliográficas 105

Prefácio

Ou a narrativa de como a experiência concreta de turista me fez pensar em como pode se sentir o aluno, o estagiário ou o professor que chega, pela primeira vez, a uma escola que não conhece...

Cheguei ao hotel, vinda do aeroporto. Eram duas e meia da tarde. Situado no característico nordeste brasileiro, o hotel era o exemplo bem acabado da globalização. Pela ausência, quase total, de marcas da civilização local, podia situar-se em qualquer parte do mundo.

A primeira informação que me foi dada dizia-me que, apesar de serem duas e meia da tarde, eu não podia ocupar o apartamento. Não estava arrumado ainda. Podia preencher a ficha de entrada, deixar as bagagens no *hall* e ir almoçar. "Logo, logo" comunicariam, quando estivesse pronto.

E assim tentei dirigir-me ao primeiro piso onde deveria encontrar o restaurante para satisfazer o meu apetite motivado pelo atraso de um voo que, de curto, não deu direito a refeição nem sequer a refrigerante.

À míngua de informação da recepcionista, e desconhecendo que o piso da entrada era o terceiro, não me foi fácil encontrar o restaurante no primeiro piso. Culpa minha, sem dúvida. O meu constructo de que, normalmente, as recepções se encontram no piso zero, cegou-me para a hipótese de que, para ir para o primeiro, em vez de subir, era preciso descer. Mas não tinha ficado mal à recepcionista uma informação menos exígua, ainda por cima expectável num país e numa região onde os autóctones são comunicativos por natureza.

Nestes momentos iniciais, eu ainda não tinha percebido que já não me encontrava no país da comunicação, mas sim num hotel *standard*, igual a tantos outros por esse mundo além, enquistado numa cultura que não acolheu e da qual se alheou.

Alheamento que não me permitiu usufruir dos sabores típicos, da arte indígena, do calor humano característico das gentes nordestinas. Nem deixou que me tratassem pelo meu nome, que me colocassem logo na mão um mapa da cidade, que me informassem sobre o que poderia visitar.

Vinda de outros hotéis no mesmo país, onde eu era "a senhora Isabel", onde, sem que eu tivesse pedido, ou sequer insinuado, o restaurante abriu mais cedo para que eu pudesse tomar o café da manhã antes de partir para o aeroporto, onde a espontaneidade do empregado o levava a dizer-me, na sua atenção à pessoa do hóspede: "pode levar alguma coisa para comer, pois quando se vai viajar às vezes até dá fome". Ou, num outro, em que, num dia de calor, me entra pelo quarto adentro, logo após a chegada, uma grande jarra de suco e um magnífico prato de frutos tropicais. E onde as refeições cheiravam e sabiam ao Brasil.

Vinha mal habituada, habituada a ser pessoa e a ter a informação de que necessitava para me sentir "em casa".

Tinha passado a ser um número, descaracterizada, com tratamento indiferenciado, dentro de um edifício e numa organização onde tudo estava estandardizado, em contraste com a originalidade da natureza e a pessoalidade das gentes e das culturas.

Mas... se já estive em tantos hotéis deste tipo, por que estranhar agora? O que me fez sentir um número, um no meio de tantos outros?

Creio que duas ordens de razões podem explicar o meu sentimento desta vez. Ambas têm a ver com as experiências sofridas nos dias anteriores. Este episódio tem, pois, um valor experiencial sobre o qual "me deitei a refletir", tentando, a partir dele, aprofundar o meu conhecimento sobre a vida.

Em primeiro lugar, eu vinha de proferir duas palestras sobre educação em que tinha abordado o tema da reflexividade, da contextualização, da pessoalidade, da cidadania, da comunicação. Numa delas tinha situado o tratamento destes temas no contexto da sociedade da informação globalizante em que vivemos.

Em segundo lugar, vinha de contextos em que se valorizava o local, o único, o expressivo, o pessoal culturalmente socializado. Contextos que me socializaram na cultura autóctone e me trouxeram o encanto de aprender com aquilo que para mim era novo. Trazia expectativas de continuidade. Encontrei o *dejá vu*.

A reflexão sobre esta minha experiência concreta não me pode levar a generalizar a partir do que foi episódico. Eu sei. Mas suscitou em mim algumas inquietações enquanto cidadã do mundo e enquanto educadora.

Questiono-me se será necessário aniquilar o autêntico e o local para se viver o conforto ditado por critérios globalizantes. Mesmo pensando em termos económicos — pois são esses evidentemente os termos em que os empresários devem pensar — não será possível encontrar formas de harmonizar o socialmente genuíno com o tecnologicamente moderno? Como será possível conciliar a eficiência de gerir grandes hotéis com a atenção pessoalizada a dispensar ao cliente?

O pensamento, que se torna bem mais alado nos momentos de férias como o que eu estava a viver, levou-me para outras esferas e dei comigo a pensar nos alunos quando transitam de uma escola para outra e sobretudo, de um ciclo de estudos para o subsequente (por exemplo, do 1º para o 2º grau). Foi sobre eles que passei a refletir.

Como se sentirão esses alunos no primeiro dia de aulas? Quebrada a continuidade da familiaridade e dos afetos que os entrelaçavam na escola já familiar, como os receberá a nova escola: como pessoas ou como números? Fornecer-lhes-á a informação necessária e correta para que eles possam se contextualizar? Aparecer-lhes-á como uma escola "com cara" ou terão dela a ideia de uma escola indistinta e estandardizada? Quem se preocupará com o que eles sentem? Quem criará o contexto que os leve a integrarem-se e a viverem a escola em vez de se isolarem e quererem apenas "passar pela escola o mais depressa possível"?

Quis que esta narrativa, de cariz bem pessoal e situacional, servisse de prefácio a um livro composto por quatro capítulos, três dos quais estão relacionados com as minhas passagens pelo Brasil. Os dois primeiros e o último resultam de palestras convidadas que realizei em encontros sobre educação. O terceiro teve origem num outro contexto, o português, mas a sua temática relaciona-se com o tema central do livro, pelo que me pareceu justificar-se a sua inclusão.

O primeiro capítulo, intitulado "Alunos, professores e escola face à sociedade da informação", aborda a problemática das competências de acesso, avaliação e gestão da informação e o papel que, na sociedade do conhecimento e da aprendizagem, se espera dos alunos, dos professores e da escola.

No segundo capítulo, "A formação do educador reflexivo", tenta-se explicar as razões do fascínio pela abordagem reflexiva e a desilusão que, no Brasil, se faz sentir neste momento relativamente a essa abordagem de formação. Reafirma-se a necessidade da reflexão crítica, pelos professores; acentua-se a sua dimensão coletiva e não meramente individual, e apresenta-se um conjunto de estratégias de formação propiciadoras do desenvolvimento de educadores reflexivos.

No terceiro, intitulado "Contributos da supervisão pedagógica para a construção reflexiva do conhecimento profissional dos professores", apresentam-se os conceitos de conhecimento profissional do professor e de supervisão pedagógica e analisa-se o discurso produzido no contexto de uma situação de supervisão orientada pelos princípios do referencial enunciado.

Finalmente, no quarto capítulo, "Gerir uma escola reflexiva", discute-se a organização da escola com vista à criação de condições de reflexibilidade individuais e coletivas e de requalificação profissional e institucional.

Isabel Alarcão
Universidade de Aveiro, Portugal

Capítulo 1

Alunos, professores e escola face à sociedade da informação

Introdução[1]

A sociedade da informação, como sociedade aberta e global, exige competências de acesso, avaliação e gestão da informação oferecida.

As escolas são lugares onde as novas competências devem ser adquiridas ou reconhecidas e desenvolvidas. Sendo a literacia informática uma das novas competências, de imediato se coloca uma questão: a das diferenças ao acesso à informação e da necessidade de providenciar igualdade de oportunidades sob pena de desenvolvermos mais um fator de exclusão social: a infoexclusão.

Resolvido o problema do acesso, permanece o desenvolvimento da capacidade de discernir entre a informação

---

1. Este capítulo tem como base o texto da palestra proferida no II Congresso Internacional dos Expoentes da Educação, em Curitiba, em 16 de julho de 2002.

válida e inválida, correta ou incorreta, pertinente ou supérflua. Acrescente-se-lhe a competência para organizar o pensamento e a ação em função da informação, recebida ou procurada, e teremos, em princípio, uma pessoa preparada para viver na sociedade da informação.

O desenvolvimento destas competências e dos contextos formativos que permitirão desenvolvê-las exigem novas atitudes dos alunos, dos professores e das escolas como organizações vocacionadas para educar. É sobre esta temática que pretendo desenvolver a minha exposição.

A sociedade da informação em que vivemos

Vivemos hoje numa sociedade complexa, repleta de sinais contraditórios, inundada por canais e torrentes de informação numa oferta de "sirva-se quem precisar e do que precisar" e "faça de mim o uso que entender". O cidadão comum dificilmente consegue lidar com a avalanche de novas informações que o inundam e que se entrecruzam com novas ideias e problemas, novas oportunidades, desafios e ameaças.

Chamaram-lhe a era da informação. E também da comunicação. No tempo em que vivemos os mídia adquiriram um poder esmagador e a sua influência é multifacetada, podendo ser usados para o bem e para o mal. As mensagens que neles passam apresentam uma miríade de valores, uns positivos, outros negativos, de difícil discernimento para aqueles que, por razões várias, não desenvolveram grande espírito crítico, competência que inclui o hábito de se questionar perante o que lhe é oferecido.

Como recentemente afirmou Raposo (2001), na abertura solene das aulas na Universidade de Coimbra, em Portugal:

Contendo insuspeitadas potencialidades de utilização, as Tecnologias da Informação e da Comunicação, aparentemente neutras em si próprias, podem ser fonte de libertação, de progresso científico, geradoras de solidariedade ou, ao invés, instrumentos de controlo e de manipulação. Ao homem compete discernir, no recurso às Tecnologias da Informação, o que constitui fator de valorização do conhecimento, da liberdade, da solidariedade do que é alienação, manipulação, opressão ou injustiça.

E continua o mesmo autor:

Estes princípios, válidos, genericamente, para qualquer inovação científica ou tecnológica, revestem-se de um grau máximo de exigência, no que concerne às Tecnologias da Informação e da Comunicação, pelas incalculáveis virtualidades que contêm nos múltiplos setores em que as mesmas se aplicam — da investigação científica à economia, das ciências da saúde aos sistemas de transportes, da organização do trabalho à educação, passando pela administração pública e pela formação profissional, para citar alguns dos mais relevantes.

O mundo, marcado por tanta riqueza informativa, precisa urgentemente do poder clarificador do pensamento. Por isso alinho com Edgar Morin quando afirma que só o pensamento pode organizar o conhecimento. Para conhecer, é preciso pensar. Em vez de uma cabeça bem cheia, afirma o autor, numa clara alusão a Montaigne, reclama-se uma cabeça bem feita (Morin, 2000). E uma cabeça bem feita é a que é capaz de transformar a informação em conhecimento pertinente. Pergunta-se então o que é, para Morin, o conhecimento pertinente e encontramos como resposta que o conhecimento pertinente é o conhecimento que é capaz de situar qualquer informação em seu contexto e, se possível, no conjunto em que está inscrita (2000: 15). Inerente a esta concepção, emerge a relevância do sentido que se atribui às "coisas". Assume-se, como fundamental, a compreensão entendida como a capacidade de perceber os objetos, as pessoas, os acontecimentos e as relações que entre todos se estabelecem.

    E se isto é válido para a educação que se pratica, é igualmente válido para a investigação que se realiza sobre a educação. É nessa mesma linha de pensamento que venho advogando a necessidade de, após um período de investigações mais ou menos isoladas, a investigação em educação se esforçar agora por estabelecer conexões e configurações no sentido de se atingir uma compreensão estruturante das problemáticas e das potencialidades de intervenção (Alarcão: 2001a). Para intervir, é preciso compreender. A educação, como muitos outros setores da vida em sociedade, está em crise. Importa analisar os contornos da crise, perceber os fatores que estão na sua gênese, congregar esforços e intervir sistemática e coerentemente.

    Nesta era da informação e da comunicação, que se quer também a era do conhecimento, a escola não detém o monopólio do saber. O professor não é o único transmissor do saber e tem de aceitar situar-se nas suas novas circunstâncias que, por sinal, são bem mais exigentes. O aluno também já não é mais o receptáculo a deixar-se rechear de conteúdos. O seu papel impõe-lhe exigências acrescidas. Ele tem de aprender a gerir e a relacionar informações para as transformar no **seu** conhecimento e no **seu** saber. Também a escola tem de ser uma outra escola. A escola, como organização, tem de ser um sistema aberto, pensante e flexível. Sistema aberto sobre si mesmo, e aberto à comunidade em que se insere.

Esta era começou por se chamar a **sociedade da informação**, mas rapidamente se passou a chamar **sociedade da informação e do conhecimento** a que, mais recentemente, se acrescentou a designação de **sociedade da aprendizagem**. Reconheceu-se que não há conhecimento sem aprendizagem. E que a informação, sendo uma condição necessária para o conhecimento, não é condição suficiente. Como afirmei, ao referir-me a Edgar Morin, a informação, se não for organizada, não se constitui em conhecimento, não é saber, e não se traduz em poder.

A rápida evolução dos conhecimentos, conjugada com a igualmente rápida evolução das necessidades da sociedade, exigem de todos uma permanente aprendizagem individual e colaborativa. Fazem, pois, sentido as palavras de Longworth e Davies:

> neste novo mundo do século XXI, holístico e abrangente, todas as nações e todos os indivíduos são simultaneamente depositantes e sacadores do banco do conhecimento que constitui a sociedade da aprendizagem (1996: 97)[2].

O conhecimento tornou-se e tem de ser um bem comum. A aprendizagem ao longo da vida, um direito e uma necessidade.

---

2. Tradução minha.

A designação de sociedade do conhecimento e da aprendizagem traduz o reconhecimento das competências que são exigidas aos cidadãos de hoje. Importa, assim, refletir sobre as novas competências.

As novas competências exigidas pela sociedade da informação e da comunicação, do conhecimento e da aprendizagem

Podemos considerar que o mundo atravessa uma situação de mudança com paralelismo em outras situações históricas em que, pelo seu efeito transformador, sobressai a revolução industrial. Porém, o valor não está hoje na capacidade de seguir instruções dadas por outros para fazer funcionar as máquinas, mas sim na capacidade de transformar em conhecimento a informação a que, graças às máquinas, temos um rápido acesso. As novas máquinas são hoje apenas uma extensão do cérebro. O pensamento e a compreensão são os grandes fatores de desenvolvimento pessoal, social, institucional, nacional, internacional.

No início dos anos 1990 reuniram-se na Europa conceituados industriais europeus e reitores das universidades europeias com o objetivo de pensarem o papel da educação no mundo atual. Para além de salientarem a importância da educação pré-escolar e a necessidade de o sistema de ensino ser articulado através de elos fortes de ligação entre os vários ciclos (pré-escolar, básico, secundário, superior), o relatório ficou conhecido pelo modo como abordaram a noção de competência necessária a uma vivência na contemporaneidade.

A noção de competência em que acordaram incluía não só conhecimentos (fatos, métodos, conceitos e princípios), mas capacidades (saber o que fazer e como), experiência (capacidade de aprender com o sucesso e com os erros), contatos (capacidades sociais, redes de contatos, influência), valores (vontade de agir, acreditar, empenhar-se, aceitar responsabilidades e poder (físico e energia mental) (Keen, citado em Cochineaux e Woot, 1995).

Conceptualizações deste tipo apontam para uma formação holística e integrada da pessoa que não se queda na informação, nem sequer no conhecimento, mas vai para além deles para atingir a sabedoria, característica que era tão querida aos nossos antepassados gregos.

Numa representação visual interessante, Longworth (citado em Longworth e Davies, 1996), apresenta o que chamou a escada da informação como percurso de aprendizagem. Desenvolve-se em degraus que, partindo dos dados, se eleva, através da informação, da compreensão e da visão até chegar à sabedoria. A representação traduz a gradualidade do percurso, mas também a dificuldade crescente dos vários degraus, representada pela também gradual altura dos sucessivos degraus. Será bom que nos perguntemos até onde é que a escola leva os alunos neste percurso. Para uma grande parte da população, a resposta será talvez frustrante. Ficar-se-ão alguns apenas pelos dados, dados que não conseguirão trabalhar ao nível, superior, da informação. Poucos atingirão a sabedoria. Um número maior desenvolverá a capacidade de visão. O grosso situar-se-á a nível da informação e da compreensão. Não se deve atribuir só à escola a culpa por esta caracterização. Há que ter em conta as capacidades individuais, mas também a desresponsabilização da sociedade que, impotente perante a resolução de tantos dos problemas que ela própria criou, coloca na escola expectativas demasiado elevadas sem muitas vezes a valorizar como devia.

Temos de reconhecer que o exercício livre e responsável da cidadania exige das pessoas a capacidade de pensar e a sabedoria para decidir com base numa informação e em conhecimentos sólidos. O cidadão é hoje cada vez mais considerado como pessoa responsável. O seu direito a ter um papel ativo na sociedade é cada vez mais desejado. Trata-se de uma grande conquista social, nas situações em que esse direito já foi conquistado, o que, infelizmente, não acontece de uma forma universal. Esta dimensão sociopolítica tem de ser tida em conta. Nem políticos nem educadores podem ignorá-la, sob pena de se estarem a construir castelos na areia. O *empowerment* pessoal, ou seja, a construção do poder pelo cidadão, não se resume meramente à obtenção de mais poder e mais direitos, mas traduz-se na capacidade real para exercer esse poder na construção de uma cidadania participativa.

Um dos fatores para que exista este *empowerment* no mundo em que vivemos tem a ver com a facilidade em aceder à informação. Esta deve ser fidedigna, relevante e fácil de encontrar. A ser assim, cada cidadão deve estar preparado para encontrar a informação necessária, para decidir sobre a sua relevância e para avaliar da sua fidedignidade. Sem o saber que lhe permite aceder à informação e ter um pensamento independente e crítico, ele pode ser manipulado e infoexcluído.

Qual de nós não sente que hoje cada vez é maior o número das coisas que não sabe e que gostaria ou necessitaria de saber? Muitos de nós, facilmente respondem: não há problema, vejo na internet. E vamos à internet para ver os horários dos trens, os preços dos hotéis, os descontos praticados nos restaurantes, os espetáculos que estão em cena, as notícias do dia, as publicações sobre um determinado tema, informação sobre um assunto que desconhecemos mas sobre o qual queremos saber e tantas outras coisas que fazem parte do nosso quotidiano.

Mas, em todo o mundo, qual será a percentagem das pessoas que têm esta possibilidade? Poderá e deverá então perguntar-se se a sociedade de informação globalizante é a sociedade do conhecimento generalizado. E a resposta real é efetivamente **Não**. Com graves consequências para o indivíduo e para a sociedade. Os políticos, os educadores e os cidadãos em geral não podem desprezar as consequências da ignorância e o seu poder destruidor e corrosivo da coerência e estabilidade social. E todos se devem dar as mãos na luta pelo poder do conhecimento.

Como vimos atrás, o conhecimento técnico é hoje volátil, pelo que adquire grande valor o conhecimento fundante de todo o outro conhecimento. À literacia da leitura e da escrita e à numeracia ou conhecimento dos números, é preciso hoje acrescentar a literacia informática.

A mesma transformação social a que tenho vindo a referir-me requer uma rápida e flexível mobilização dos conhecimentos e a sua utilização competente, só possível para quem tenha tido uma formação nesse sentido.

Tem-se ultimamente falado muito de competências, para aplaudir e para repudiar esta forma de abordar o currículo escolar ou de complementar o existente. Erroneamente, alguns setores, numa má interpretação do conceito, opõem competências a conhecimentos. Outros temem um regresso ao utilitarismo. Outros ainda, veem no discurso das competências uma subordinação da educação à economia. Proponho que sejamos um pouco mais críticos e que aprofundemos o conceito de competência e a relação entre competências e conhecimentos. Proponho que integremos esta reflexão na teoria do agir humano. Proponho também que sejamos realistas na análise que fazemos da relação do indivíduo com a sociedade e do papel da escola nesta relação.

Um dos autores que mais tem trabalhado a questão das competências e que é bem conhecido (eu diria até bem amado e bem des-amado) no Brasil é Philipe Perrenoud. Por essa razão fui rever o seu conceito de competência. E o que encontrei nos seus escritos? A noção de que a competência é a capacidade de utilizar os saberes para agir em situação, constituindo-se assim como uma mais-valia relativamente aos saberes. Ter competência é saber mobilizar os saberes. A competência não existe, portanto, sem os conhecimentos. Como consequência lógica não se pode afirmar que as competências estão **contra** os conhecimentos, mas sim **com** os conhecimentos. Elas reorganizam-nos e explicitam a sua dinâmica e valor funcional.

Vejamos um exemplo. À nascença, trazemos como inata a capacidade da linguagem. Mas ela só desabrocha em competência linguístico-comunicativa porque é desenvolvida pelo conhecimento, de natureza basicamente experiencial numa primeira fase, e, posteriormente, trabalhado nos contextos de escolarização. A noção de competência linguístico-comunicativa e a relação com o conhecimento é ainda mais clara se considerarmos a situação de aprendizagem em língua estrangeira em contexto exolingue escolarizado. É possível saber-se bem a gramática de uma língua e ter até um bom domínio do vocabulário e contudo ficar imobilizado linguisticamente numa situação real de comunicação pela incapacidade de mobilizar adequadamente os conhecimentos necessários naquela situação concreta.

Como afirma Perrenoud, "a abordagem por competências não pretende mais do que permitir a cada um aprender a *utilizar os seus saberes para atuar*" (2001: 17). Esta noção de competência não restringe as competências a ações práticas de natureza simples e linear como muitos também pensam. Resolver um problema complexo que se tornou objeto de investigação, por exemplo, não é de todo uma ação simples, embora tenha uma natureza prática e requeira a mobilização de múltiplos conhecimentos. Como igualmente complexa é a atividade de comunicar verbalmente a que atrás aludi.

Perrenoud, ao defender-se da crítica do utilitarismo, afirma que talvez já

> seja tempo de aceitar a ideia de que a cultura humana, inclusive nas suas dimensões teológicas e filosóficas, está fundamentalmente ligada à ação, a uma presença incerta e inquieta no mundo, ao desejo de antecipar e de dominar os acontecimentos (2001: 15).

E acrescenta o autor:

> A cultura, pelo menos para os antropólogos, não se opõe às práticas sociais, à ação humana. Pelo contrário, trata-se de uma característica da nossa espécie compreender e dominar a sua condição, pela linguagem, pela partilha, pela memória coletiva e pela conceptualização (2001: 15).

Relativamente à questão da subordinação da educação à economia no que respeita às competências, não penso que a noção de competência tenha passado do mundo empresarial para o da educação. Antes pelo contrário. A noção de competências utilizada anteriormente sob a capa de outras designações como destrezas, saberes-fazer, ou na apropriação do termo inglês *skill*, foi utilizada no mundo da educação antes de ser adotada pelo mundo empresarial.

Ganhou, nesta adoção, algumas colorações específicas e alguma operacionalização, mas não é uma noção originada no contexto empresarial. As empresas reconhecem hoje a realidade das competências. Mas mesmo no mundo dos negócios não se trata de competências simples, lineares, acabadas e imutáveis, mas de competências dinâmicas em que a compreensão do mundo e a sabedoria da vivência social são fundamentais. Como diz Perrenoud, os bons empresários de hoje não querem pessoas **adaptadas**, mas pessoas **capazes de se adaptarem** (2001: 16). Pessoas **capazes**. **Pessoas**.

O problema que se põe tem a ver com a formação de base que deve proporcionar-se às pessoas (a todas as pessoas) para que sejam capazes de se adaptar à realidade por vontade e convicção próprias quando e nas circunstâncias em que assim o entenderem, mas sem se deixarem manipular e fazendo ouvir a sua voz crítica sempre que necessário. Quem será capaz de o fazer sem a grande competência que lhe vem do pensamento e sem o grande poder que lhe advém da informação?

Parece-me importante, neste contexto, discutir também a relação entre o indivíduo e a sociedade no que respeita ainda à formação por competências. Trata-se de uma relação bilateral. A sociedade não existe sem as pessoas que a constituem e a vão enformando. Mas, por sua vez, esta influencia a formação e a atuação das pessoas. A escola é um setor da sociedade; é por ela influenciada e, por sua vez, influencia-a. Perante o mundo como ele **é**, quer a escola isolar-se e construir-se contra a sociedade? Ou quer ser sociedade e na macroestrutura social ter uma voz crítica contextualizada e situada?

Para que os cidadãos possam assumir este papel de atores críticos, situados, têm de desenvolver a grande competência da **compreensão** que assenta na capacidade de escutar, de observar e de pensar, mas também na capacidade de utilizar as várias linguagens que permitem ao ser humano estabelecer com os outros e com o mundo mecanismos de interação e de intercompreensão. Hoje temos mais uma linguagem: a linguagem informática.

Bem dizia Lyotard que, na era pós-moderna, o saber tinha mudado de estatuto e se apoiava na linguagem (1979).

Compreender o mundo, compreender os outros, compreender-se a si e compreender as interações que entre estes vários componentes se estabelecem e sobre tudo isto ser capaz de "linguajar" é o alicerce da vivência da cidadania. É através da compreensão que nos preparamos para a mudança, para o incerto, para o difícil, para a vivência noutras circunstâncias e noutros países. Mas também para a permanente interação, contextualização e colaboração.

Neste processo de mudança e interatividade, a capacidade de continuar a aprender autonomamente é fundamental. Por isso as noções de pessoa, diálogo, aprendizagem e conhecimento, ativo e ativável, encontram-se na base dos atuais paradigmas de formação e de investigação. Como igualmente se encontram nos paradigmas de desempenho profissional e se estendem, por analogia, aos de desempenho das organizações.

São hoje muitas as competências desejadas, que assentam num conjunto de capacidades. Valoriza-se a curiosidade intelectual, a capacidade de utilizar e recriar o conhecimento, de questionar e indagar, de ter um pensamento próprio, de desenvolver mecanismos de autoaprendizagem. Mas também a capacidade de gerir a sua vida individual e em grupo, de se adaptar sem deixar de ter a sua própria identidade, de se sentir responsável pelo seu desenvolvimento constante, de lidar com situações que fujam à rotina, de decidir e assumir responsabilidades, de resolver problemas, de trabalhar em colaboração, de aceitar os outros. Deseja-se ainda dos cidadãos que tenham horizontes temporais e geográficos alargados não se limitando a ver o seu pequeno mundo, que tenham dos acontecimentos uma compreensão sistêmica, que sejam capazes de comunicar e interagir, e que desenvolvam a capacidade de autoconhecimento e autoestima.

A competência para lidar com a informação na sociedade da aprendizagem

Entre as competências necessárias à vida na sociedade hodierna conta-se, como já acentuamos, a capacidade de utilizar a informação de modo rápido e flexível, o que coloca problemas ao nível do acesso, da avaliação e da gestão das informações, mas também da organização e ativação dos conhecimentos. Estes processos implicam a capacidade para lidar com a informação e os meios que a tornam acessível.

É preciso saber o que procurar e onde procurar. Uma vez conectado, é preciso distinguir entre o que é relevante e irrelevante, sério e fraudulento para reter o importante e deitar ao lixo o que não presta ou não se adapta. A informação, pela sua grande quantidade e pela multiplicidade de utilizações que potencialmente encerra, tem de ser reorganizada por quem a procura, a quem compete agora pôr em ação a sua mente interpretativa, seletiva, sistematizadora, criadora.

O desenvolvimento destas múltiplas fontes de informação exige reestruturações na relação do professor e do aluno com o saber disponível e com o uso que se faz desse saber. Se hoje em dia a ênfase é colocada no saber e na sua utilização em situação, é fundamental que os alunos abandonem os papéis de meros receptores e os professores sejam muito mais do que simples transmissores de um saber acumulado. Mantendo-se embora o triângulo da atuação didática (professor, aluno, saber), o vértice do saber é como um botão que se abre numa variedade de fontes de informação. O professor continua a ter o papel de mediador, mas é uma mediação orquestrada e não linear.

Antes, porém, de discutir o papel dos professores e dos alunos, importa que nos detenhamos sobre uma necessidade vital na educação de hoje. É que para que todos tenham acesso à informação e não venham a ser marginalizados pela sua falta, é imprescindível que se criem condições, nas escolas e nas comunidades, que compensem a falta de acessibilidade a fontes de informação que possam existir no seio das famílias. Só isso não basta, porém. Impõe-se uma diferente organização do trabalho escolar, promovendo o trabalho colaborativo entre os alunos, reorganizando os horários por forma a que os alunos tenham tempo para pesquisas e criando verdadeiras comunidades de aprendizagem. Pelo que, para além dos alunos e dos professores, é importante considerar o papel da escola como enquadradora da realização do trabalho escolar. Comecemos pelos alunos.

Os alunos na sociedade da aprendizagem

Numa "sociedade que aprende e se desenvolve", como a caracterizou Tavares (1996), ser aluno é ser aprendente. Em constante interação com as oportunidades que o mundo lhe oferece. Mais do que isso: é aprender a ser aprendente ao longo da vida. O aluno tem de se assumir como um ser (mente num corpo com alma) que observa o mundo e se observa a si, se questiona e procura atribuir sentido aos objetos, aos acontecimentos e às interações. Tem de se convencer de que tem de ir à procura do saber. Busca ajuda nos livros, nas discussões, nas conversas, no pensamento, no professor. Confia no professor a quem a sociedade entrega a missão de o orientar nessa caminhada. Mas é ele que tem de descobrir o prazer de ser uma mente ativa e não meramente receptiva.

Subjaz a este modelo uma abordagem pedagógica de caráter construtivista, sociocultural. A aprendizagem é um modo de gradualmente se ir compreendendo melhor o mundo em que vivemos e de sabermos melhor utilizar os nossos recursos para nele agirmos. Uma boa parte das competências hoje exigidas são dificilmente ensináveis. E contudo elas têm de ser desenvolvidas. Embora referente ao ensino superior, não é totalmente descabido retomar aqui um excerto de um texto que, com José Tavares, escrevi em 1995 e que foi recentemente publicado:

> As aprendizagens na sociedade emergente terão de desenvolver-se de uma forma mais ativa, responsável e experienciada ou experiencial, as quais façam apelo a atitudes mais autônomas, dialogantes e colaborativas em uma dinâmica de investigação, de descoberta e de construção de saberes alicerçada em projetos de reflexão e pesquisa, baseada em uma ideia de cultura transversal que venha ao encontro da interseção dos saberes, dos conhecimentos, da ação e da vida. É preciso valorizar a criação de ambientes estimulantes para a aprendizagem e incentivar o desenvolvimento da criatividade, da inovação e da sua divulgação. Deverá destacar-se a explicitação de uma dinâmica espiralada ou bi-implicativa entre reflexibilidade e autonomia que deverá animar a ação educativa (Tavares e Alarcão, 2001: 104).

Neste contexto, importa perguntar qual o lugar da aprendizagem dentro e fora da sala de aula e, mais à frente, reconceptualizar o papel do professor.

Para Demo (citado em Carreira, 2000), a sala de aula deixou de ser um espaço onde se transmitem conhecimentos, passando a ser um espaço onde se procura e onde se produz conhecimento. Uma conceptualização da escolarização neste sentido implica a utilização de estratégias de organização das aprendizagens que assentem no próprio aluno e promovam a sua capacidade de auto e heteroaprendizagem. E que, por isso mesmo, lhe conferem poder, o responsabilizam e autonomizam e, deste modo, contribuem para a tão desejada democratização.

Não é fácil, nem para os professores nem para os alunos, de repente pensar e agir desta maneira. Porém, algumas experiências mostram que é possível e reconfortante. Referir-me-ei a três estudos de pesquisa-ação (Vieira, 1998; Carreira, 2000; Gonçalves, 2002) que recentemente foram desenvolvidos em Portugal ao nível do ensino secundário, dois deles sob a minha orientação. Os três estudos de intervenção didático-curricular tiveram como finalidade desenvolver a capacidade de autonomia dos alunos através da organização de atividades que os incitassem a ser aprendentes ativos. Visavam assim uma aproximação entre a escola e a vida, o desenvolvimento da autoaprendizagem e da autoestima. Numa afirmação de síntese, direi que as atividades didáticas a realizar pelos alunos implicavam:

a) uma tomada de consciência do que sabiam ou precisavam de saber para realizar a atividade;

b) pesquisa pessoal;

c) um trabalho colaborativo entre eles;

d) uma sistematização orientada;

e) uma reflexão individual e partilhada sobre a tarefa realizada e os processos de realização e aprendizagem que lhe eram inerentes;

f) o apoio do professor como uma das fontes de saber e de regulação da aprendizagem.

Como resultado das intervenções salientou-se a mudança de atitudes dos alunos face à aprendizagem, o seu afastamento de uma pedagogia da dependência para uma pedagogia da autonomia. Passaram a depender menos do professor, a serem mais autodeterminados, a terem maior consciência crítica, a serem mais responsivos perante os contextos, a valorizarem mais as suas capacidades, a terem o sentido de prazer que deriva da consciência do seu próprio progresso. Como aspecto difícil de ultrapassar, os professores-pesquisadores salientam a dificuldade inicial de envolver os alunos na reflexão, habituados como estão a reproduzirem o que o professor lhes transmite "pronto-a-vestir".

No relato de uma das experiências realizadas, o professor-pesquisador afirma que as atividades de pesquisa individual e colaborativa que os alunos realizaram para atualizarem o seu conhecimento prévio perante as dificuldades de um texto proposto para leitura tornou-se um elemento de emancipação dos próprios sujeitos na medida em que encontraram o seu caminho, alterando-se, de forma radical, o papel da sala de aula que passou a ser um local de processamento e produção de conhecimento e não apenas um local de transmissão e avaliação do conhecimento. Parte do trabalho foi realizado na biblioteca, confirmando que a biblioteca/centro de recursos educativos pode *"favorecer uma alteração qualitativa na lógica do funcionamento da instituição escolar, passando de uma lógica de acumulação para uma lógica de produção de saberes"* (Canário, 1998).

Comenta ainda o referido professor-pesquisador que se alteraram os contextos físicos e psicológicos e também as condições de aprendizagem que passaram a ser mais favoráveis e informais, com substancial circulação de informação diversificada de forma ativa e partilhada. O docente anotou também o desenvolvimento do espírito científico, do gosto pelo saber, da criatividade e do sentido de responsabilidade.

Os alunos passaram a definir os seus próprios objetivos e a tentar alcançá-los, deixando de ser objeto de projetos alheios para se posicionarem como sujeitos ativos; também alargaram a sua capacidade cognitiva e metacognitiva na medida em que foram capazes de se questionar, de determinar o conhecimento de que dispunham e aquele de que precisavam para resolver as dificuldades.

Assistiu-se, nestas intervenções, à criação de comunidades de aprendizagem em que os alunos assumiram uma atitude de pesquisa colaborativa para resolver as tarefas (problemas) que lhes eram propostos.

Esta capacidade de interagir com o conhecimento de forma autônoma, flexível e criativa é a melhor preparação para a vivência no nosso mundo supercomplexo, incerto, sempre pronto a exigir novos saberes, inspiradores de novas ações.

Os professores na sociedade da aprendizagem

Colocando-se a ênfase no sujeito que aprende, pergunta-se então qual o papel dos professores. Criar, estruturar e dinamizar situações de aprendizagem e estimular a aprendizagem e a autoconfiança nas capacidades individuais para aprender são competências que o professor de hoje tem de desenvolver. Foi este o objetivo principal de um dos três estudos referidos e a que a autora deu o título de "Gestão flexível do currículo. O desenvolvimento do eu afetivo do aluno". Na filosofia profissional desta professora aprender a **ser aluno** é fundamental para aprender a conhecer, a fazer e a viver com os outros. E são estes os quatro pilares da educação, segundo Delors *et al.* (1996).

Não há que declarar morte ao professor. Pelo contrário, na era da informação, ele é o timoneiro na viagem da aprendizagem em direção ao conhecimento. Como recentemente afirmou Nóvoa: "*É verdade que, hoje, ele (o conhecimento) se encontra disponível numa diversidade de formas e de lugares. Mas o momento do ensino é fundamental para o explicar, para revelar a sua evolução histórica e para preparar a sua apreensão crítica*" (2002: 252). O conhecimento está lá, na escola, lugar privilegiado para as iniciações, as sistematizações, o estabelecimento de relações estruturantes, as discussões críticas e as avaliações informadas. Os professores são estruturadores e animadores das aprendizagens e não apenas estruturadores do ensino.

É ainda um dos três professores-pesquisadores que referi que salienta que as escolas e os professores não estão preparados para o trabalho que hoje lhes é exigido em função dos seus novos papéis.

Eu diria que, primeiro que tudo, os professores têm que repensar o seu papel. Se é certo que continuam a ser fontes de informação, têm de se consciencializar que são apenas uma fonte de informação, entre muitas outras. Deve, no entanto, salientar-se que o seu valor informativo tem níveis diferentes conforme o acesso que os seus alunos puderem ter a outras fontes de informação. É fundamental que os professores percebam esta diversidade. Haverá alunos que não vão precisar muito da informação substantiva dos professores, embora precisem da informação processual no sentido de a digerirem e criticarem. Porém, outros alunos necessitarão que o professor os informe sobre a substância e sobre o processo.

Para não se sentirem ultrapassados, os professores precisam urgentemente de se recontextualizarem na sua identidade e responsabilidades profissionais.

Na mesma lógica das capacidades e das atitudes que pretende ajudar a desenvolver nos seus alunos, o professor tem, também ele, de se considerar num constante processo de autoformação e identificação profissional. Costumo dizer que tem de ser um professor reflexivo numa comunidade profissional reflexiva.

O grande desafio para os professores vai ser ajudar a desenvolver nos alunos, futuros cidadãos, a capacidade de trabalho autônomo e colaborativo, mas também o espírito crítico. Mas cuidado! O espírito crítico não se desenvolve através de monólogos expositivos. O desenvolvimento do espírito crítico faz-se no diálogo, no confronto de ideias e de práticas, na capacidade de se ouvir o outro, mas também de se ouvir a si próprio e de se autocriticar. E tudo isto só é possível num ambiente humano de compreensiva aceitação, o que não equivale, não pode equivaler, a permissiva perda de autoridade do professor e da escola. Antes pelo contrário. Ter o sentido de liberdade e reconhecer os limites dessa mesma liberdade evidencia um espírito crítico e uma responsabilidade social.

Neste contexto gostaria de citar uma colega inglesa (Anne Edwards) que afirma:

> o ensino é uma orquestração relacional do tempo e do espaço, do eu e dos outros, dos alunos e do conhecimento e do afeto e da cognição (texto não publicado, cedido por cortesia).

Abordarei por último a questão da escola na sociedade da aprendizagem.

A escola na sociedade da aprendizagem

As mudanças de que temos vindo a falar não se situam só ao nível dos alunos e dos professores. Elas estendem-se ao nível da organização que é a escola.

Retomo o que, com Tavares, escrevi:

> Essa alteração dos processos de aprendizagem implica também uma nova organização da escola, com tempos e lugares diferenciados, não só para estar em aulas de grandes grupos, mas também para trabalhar em pequenos grupos ou isoladamente, com acesso facilitado tanto a livros e revistas quanto a computadores e bases de dados e aos serviços da Internet e dos mass media; com tempos e espaços para a realização de tarefas concretas, interpelativas da teoria e concretizadoras desta, pois é na interação entre o saber dos outros e a sua aplicação por cada um a uma situação concreta que cada um desenvolve o seu saber (Tavares e Alarcão, 2001: 107-108).

Cabe aqui referir o relato de uma outra intervenção, desta vez ao nível da escola, uma escola secundária no norte de Portugal. No artigo que vou citar, a autora (Mamede, 2001) informa-nos sobre a criação e implementação de um Centro de Aprendizagem na Escola. Explica, em primeiro lugar, a gênese do Centro. A ideia surgiu após a análise das classificações obtidas pelos alunos do 1º ano do ensino secundário, análise que o Conselho Diretivo tinha solicitado a um grupo de professores. Os resultados revelaram uma grande percentagem de alunos com insucesso num elevado número de disciplinas. No relatório da avaliação podia ler-se que, "*ao entrarem na nossa escola (secundária), a maioria dos alunos mostra-se totalmente dependente dos professores, isto é, encara a aprendizagem como um processo passivo, limitando-se a realizar tarefas que lhe são propostas. Além disso apresenta níveis de conhecimentos diferenciados, não tem hábitos de estudo e não sabe sequer como estudar*" (2001: 99). Estava diagnosticado que as falhas vinham de trás, como se diz no meu país. E esta escola poderia ter agido como é habitual: a culpa não é nossa, nada podemos fazer. Mas, escreve a autora: "*culpar o sistema, ou os docentes dos ciclos anteriores, ou até os pais, seria pura perda de tempo (...) Havia que combater a situação a partir do que estava nas nossas mãos*" (2001: 99).

Um grupo de professores entendeu que uma solução passava pela criação de condições que permitissem aos alunos aprender a aprender, seguindo os seus ritmos, interesses e necessidades, tentando desenvolver a sua autonomia na aprendizagem e assumir um papel ativo e responsável. O desenvolvimento destas capacidades pressupunha uma abordagem em sala de aula que se afastasse da pedagogia da dependência, mas também atividades curriculares complementares fora da sala de aula. Neste sentido criaram um Centro de Aprendizagem que conceberam como "espaço pedagógico multidisciplinar". O Centro foi estruturado em quatro áreas:

    a) a área de lazer onde o aluno desenvolveria o gosto pela leitura e por um cinema de qualidade;

    b) a área de informática onde navegaria na internet ou aprenderia com programas em CD-rom;

c) a biblioteca, onde estudaria, faria pesquisa ou elaboraria trabalhos;

d) o centro de recursos, onde o aluno podia encontrar materiais de estudo, mas também professores disponíveis para atuarem como tutores da sua aprendizagem.

Para que os objetivos fossem atingidos, eram necessárias, logo à partida, duas condições:

a) uma boa organização dos espaços e recursos e

b) uma sólida formação dos professores/tutores.

O Conselho Executivo proporcionou espaços. A equipa promotora desenvolveu um programa de formação para os docentes que assentava em três aspectos:

a) conhecimento dos princípios de psicologia humanista;

b) desenvolvimento de materiais promotores da autonomia;

c) formação para uma tutoria libertadora e não transmissiva.

Numa primeira fase, a frequência do Centro pelos alunos era facultativa. Após dois anos de funcionamento a avaliação realizada apontava para as seguintes conclusões:

a) os alunos que frequentavam o Centro consideravam-no muito útil para a sua aprendizagem, mas uma grande percentagem de alunos da escola não o frequentava, e

b) muitos dos professores mantinham-se alheados do Centro, onde também não iam.

O Centro estava claramente subaproveitado. A autora comenta: "Para que os alunos se dirigissem voluntariamente ao centro era necessário que tivessem já desenvolvido capacidades de iniciativa e responsabilização em relação à sua aprendizagem (...) ou que fossem estimulados pelos professores ...o que não acontecia" (2001: 102).

O grupo promotor continuava, porém, a acreditar nas potencialidades da estratégia. A Direção da Escola tornou mais explícito o seu apoio. Numa avaliação externa, a Inspeção Geral da Educação sugeriu uma maior comunicação entre os tutores do Centro e os professores das disciplinas. Por decisão do Conselho Executivo os professores passaram a aconselhar os alunos com dificuldades a procurar ajuda no Centro e passariam a dedicar ao Centro duas horas por semana (esta obrigatoriedade não resultou bem nalguns casos, um aspecto a considerar mais à frente).

Com estas medidas o horário de funcionamento pôde passar a ser praticamente contínuo e a grande frequência dos alunos trouxe até falta de espaço.

Termino este relato com a preocupação expressa pela autora face à rápida expansão do Centro:

> continuamos a pensar que o princípio da qualidade se devia sobrepor ao da quantidade e receamos que o Centro de Aprendizagem venha a tornar-se num grande Centro de Explicações. Mas o Presidente do Conselho Executivo acha que devagar se vai ao longe e que, pouco a pouco, acabaremos por conquistar todo o pessoal docente para a nossa causa (Mamede, 2001: 105).

De uma maneira geral, direi que as escolas ainda não compreenderam que, também elas, têm de se repensar.

Permanecem na atitude negativa de se sentirem defasadas, mal compreendidas e mal-amadas, ultrapassadas, talvez inúteis. Quedam-se à espera que alguém as venha transformar. E não perceberam ainda que só elas se podem transformar a si próprias. **Por dentro.** Com as pessoas que as constituem: professores, alunos, funcionários. Em interação com a comunidade circundante.

As escolas que já perceberam o fenômeno começaram a funcionar como comunidades autocríticas, aprendentes, reflexivas. Constituem aquilo a que chamei a escola reflexiva que defini como

> organização que continuadamente se pensa a si própria, na sua missão social e na sua organização, e se confronta com o desenrolar da sua atividade em um processo heurístico simultaneamente avaliativo e formativo (Alarcão, 2001*b*: 25).

Tomemos o episódio do Centro da Aprendizagem que vos narrei para o analisarmos como caso e, neste processo analítico, revelarmos o que ele tem para nos ensinar e que conhecimento dele podemos retirar. No entender de Shulman (1986), os casos só são casos (e não meras narrativas de incidentes) porque representam conhecimento teórico e assumem um valor explicativo.

Esta escola pensou-se na sua missão: educar e ensinar. Quem pensou? Primeiro, a direção, depois um grupo de professores e, em seguida, o grupo de professores com apoio da direção. Houve estratégias interativas e aceitaram-se as emergentes. Houve visão, capacidade de liderança e aceitação de ideias que emergiam dos professores.

A escola pensou e agiu. Perante o conhecimento tácito de que havia insucesso, a direção quis confrontar essa impressão com a realidade e para isso mandou fazer uma avaliação da situação. Face aos resultados, um grupo de professores refletiu sobre as possíveis causas e delineou uma estratégia de ação.

A escola agiu e avaliou. A ação foi concebida, delineada, implementada e avaliada. Em função da avaliação, foram tomadas decisões.

A ação implicou formação. Os professores tutores no Centro receberam formação específica porque ser tutor num centro de aprendizagem não é a mesma coisa que ser professor numa sala de aula nem explicador num centro de explicações.

Respeitou-se a vontade das pessoas (alunos e professores), mas foram-se envolvendo os atores. Quando não se respeitou a vontade e se obrigaram os professores a trabalhar no centro, estes desvirtuaram o projeto porque não estavam com ele.

Estamos perante o que poderia ilustrar o meu conceito de escola reflexiva.

A escola reflexiva não é telecomandada do exterior. É autogerida. Tem o seu projeto próprio, construído com a colaboração dos seus membros. Sabe para onde quer ir e avalia-se permanentemente na sua caminhada. Contextualiza-se na comunidade que serve e com esta interage. Acredita nos seus professores, cuja capacidade de pensamento e de ação sempre fomenta. Envolve os alunos na construção de uma escola cada vez melhor. Não esquece o contributo dos pais e de toda a comunidade. Considera-se uma instituição em desenvolvimento e em aprendizagem. Pensa-se e avalia-se. Constrói conhecimento sobre si própria.

Uma escola reflexiva é uma comunidade de aprendizagem e é um local onde se produz conhecimento sobre educação. Nesta reflexão e no poder que dela retira toma consciência de que tem o dever de alertar a sociedade e as autoridades para que algumas mudanças a operar são absolutamente vitais para a formação do cidadão do século XXI. Vem a propósito aqui mencionar a introdução das novas tecnologias. Alguns países compreenderam a importância da escola na educação dos jovens cidadãos e apostam numa educação autonomizante e atual. Numa escola deste tipo a gestão da informação é muito importante.

Termino, recorrendo de novo à convicção de Morin de que é preciso organizar o pensamento para compreender e poder agir. É esta ideia que é preciso introduzir nos paradigmas de formação das pessoas e de funcionamento das instituições. Será esta a minha mensagem. O resto são ferramentas. Úteis, sem dúvida. Mas apenas ferramentas.

Capítulo 2

A formação do professor reflexivo

Introdução[1]

Os educadores brasileiros, como os educadores em muitos outros países, sofreram a atração que resultou da conceptualização do professor como profissional reflexivo. É interessante que possamos desconstruir o que pode ter estado subjacente a tão grande adesão para compreendermos o que somos como professores e como nos sentimos nesta profissão, mas também o que alguns de nós sentem e são como formadores de professores.

Após o que poderíamos chamar uma apoteótica recepção, assiste-se hoje, no Brasil, a uma crítica acesa contra a proposta do professor reflexivo (cf. por exemplo, Pimenta e Ghedin, 2002). Importa também tentar compreender se

---

1. Este capítulo tem como base o texto da palestra proferida no II Congresso Nacional Marista de Educação, realizado no Recife, em 18 de julho de 2002.

a expectativa foi demasiado elevada, se a proposta não foi totalmente entendida ou se ela é difícil de pôr em ação na prática quotidiana dos professores.

Continuo a acreditar nas potencialidades do paradigma de formação do professor reflexivo, tal como o compreendi no início dos anos 1990 (Alarcão, 1991), mas tenho vindo a reconhecer que esse paradigma pode ser muito valorizado se o transportarmos do nível da formação dos professores, individualmente, para o nível de formação situada no coletivo dos professores no contexto da sua escola. É essa a razão pela qual, desde 2001, tenho vindo a conceber a escola como escola reflexiva, que considero uma escola em desenvolvimento e em aprendizagem (Alarcão, 2001 a, b e c; Alarcão, 2002).

Em que se baseia a noção de professor reflexivo?

A noção de professor reflexivo baseia-se na consciência da capacidade de pensamento e reflexão que caracteriza o ser humano como criativo e não como mero reprodutor de ideias e práticas que lhe são exteriores. É central, nesta conceptualização, a noção do profissional como uma pessoa que, nas situações profissionais, tantas vezes incertas e imprevistas, atua de forma inteligente e flexível, situada e reativa. Na concepção schöniana (Schön, 1983, 1987), uma atuação deste tipo é produto de uma mistura integrada de ciência, técnica e arte e evidencia uma sensibilidade quase artística aos índices, manifestos ou implícitos, na situação em presença.

Como se explica o fascínio que atraiu?

O fascínio por esta nova conceptualização pode ser entendido se tivermos em consideração a crise de confiança na competência de alguns profissionais (que tendemos a generalizar), a reação perante a tecnocracia instalada, a relatividade inerente ao espírito pós-moderno, o valor hoje atribuído à epistemologia da prática, a fragilidade do papel que os professores normalmente assumem no desenvolvimento das reformas curriculares, o reconhecimento da complexidade dos problemas da nossa sociedade atual, a consciência de como é difícil formar bons profissionais, e outras mundividências associadas a estas representações sociais.

Pimenta contextualiza a aceitação da proposta do professor reflexivo no Brasil e explica-a não só pela história da formação de professores no seu país, mas também pelas preocupações temáticas que configuram o atual panorama político brasileiro. Passo a citar a referida autora que, numa tentativa de síntese, afirma que se podem apontar as seguintes razões:

> a valorização da escola e de seus profissionais nos processos de democratização da sociedade brasileira; a contribuição do saber escolar na formação da cidadania; sua apropriação como processo de maior igualdade social e inserção crítica no mundo (e daí, que saberes? que escola?); a organização da escola, os currículos, os espaços e os tempos de ensinar e aprender; o projeto político e pedagógico; a democratização interna da escola; o trabalho coletivo; as condições de trabalho e de estudo (de reflexão), de planejamento; a jornada

remunerada, os salários, a importância dos professores neste processo, as responsabilidades da universidade, dos sindicatos, dos governos neste processo; a escola como espaço de formação contínua; os alunos: quem são? de onde vêm? O que querem da escola? (de suas representações); dos professores: quem são? Como se veem na profissão? Da profissão: profissão? E as transformações sociais, políticas, econômicas, do mundo do trabalho e da sociedade da informação: como ficam a escola e os professores? (Pimenta, em Pimenta e Ghedin, 2002: 35).

Continuo a acreditar nas potencialidades que nos oferece a proposta de formação do professor reflexivo. No meu país reconheço nela um potencial que tem ajudado os professores a tomarem consciência da sua identidade profissional que, só ela, pode levar à permanente descoberta de formas de desempenho de qualidade superior e ao desenvolvimento da competência profissional na sua dimensão holística, interativa e ecológica. Reconheço, porém, a necessidade de proceder a novas formas de aprofundamento e de, como afirmei na introdução, acentuar o caráter colaborativo no coletivo docente.

Por que a atual desilusão?

As três hipóteses por mim levantadas inicialmente parecem ter, no seu conjunto, algum valor explicativo. Colocaram-se as expectativas demasiado alto e pensou-se que esta conceptualização, tal como um pozinho mágico, resolveria todos os problemas de formação, de desenvolvimento e de valorização dos professores, incluindo a melhoria do seu prestígio social, das suas condições de trabalho e de remuneração. Além disso, creio que o conceito essencial que lhe subjaz — o conceito de reflexão — não foi compreendido na sua profundidade e pode ter redundado, em certos programas de formação, num mero *slogan a la mode*, mas destituído de sentido, perigo para o qual atempadamente alertei. Por fim, é necessário reconhecer as dificuldades pessoais e institucionais para pôr em ação, de uma forma sistemática e não apenas pontual, programas de formação (inicial e contínua) de natureza reflexiva.

Qual a relação entre o professor reflexivo e a escola reflexiva?

O professor não pode agir isoladamente na sua escola. É neste local, o seu local de trabalho, que ele, com os outros, seus colegas, constrói a profissionalidade docente. Mas se a vida dos professores tem o seu contexto próprio, a escola, esta tem de ser organizada de modo a criar condições de reflexividade individuais e coletivas. Vou ainda mais longe. A escola tem de se pensar a si própria, na sua missão e no modo como se organiza para a cumprir. Tem, também ela, de ser reflexiva.

Mas o que é a escola? Uma comunidade educativa, um grupo social constituído por alunos, professores e funcionários e fortes ligações à comunidade envolvente através dos pais e dos representantes do poder municipal. A ideia do professor reflexivo, que reflete em situação e constrói conhecimento a partir do pensamento sobre a sua prática, é perfeitamente transponível para a comunidade educativa que é a escola.

Como formar professores reflexivos *para* e *numa* escola reflexiva?

No seu livro *Educating the Reflective Practitioner*, Donald Schön, o grande inspirador do movimento do professor reflexivo, narra-nos a interação ocorrida entre o violoncelista Pablo Casales e uma aluna a quem este ensinava violoncelo. Numa primeira fase, o mestre tinha-a ensinado a tocar como ele fazia a tal ponto que ela se tornou uma cópia fiel do mestre. Chegados a este ponto, o mestre artista pegou no violoncelo e tocou a peça que lhe tinha ensinado, uma peça de Bach, mas fê-lo de uma maneira inteiramente nova. Disse-lhe então: "acabo de lhe demonstrar como é que se improvisa Bach. A partir de agora, estude Bach desta maneira: aprenda a improvisar".

Essa vinheta põe em relevo os limites do ato de ensinar em relação às potencialidades do ato de aprender.

Desse episódio emerge o poder da criatividade, a capacidade que temos de encontrarmos a nossa própria maneira de agir e de intervir na vida social. A esta capacidade alia-se a de sistematizarmos conhecimento sobre o que fazemos e as condições em que agimos e que condicionam o quê e o como.

Se a capacidade reflexiva é inata no ser humano, ela necessita de contextos que favoreçam o seu desenvolvimento, contextos de liberdade e responsabilidade. É repetidamente afirmado, nos estudos em que o fator da reflexão é tido em consideração, a dificuldade que os participantes revelam em pôr em ação os mecanismos reflexivos, sejam eles crianças, adolescentes ou adultos. É preciso vencer inércias, é preciso vontade e persistência. É preciso fazer um esforço grande para passar do nível meramente descritivo ou narrativo para o nível em que se buscam interpretações articuladas e justificadas e sistematizações cognitivas.

Nestes contextos formativos com base na experiência, a expressão e o diálogo assumem um papel de enorme relevância. Um triplo diálogo, poderei afirmar. Um diálogo consigo próprio, um diálogo com os outros incluindo os que antes de nós construíram conhecimentos que são referência e o diálogo com a própria situação, situação que nos fala, como Schön nos refere na sua linguagem metafórica.

Este diálogo não pode quedar-se a um nível meramente descritivo, pois seria extremamente pobre. Tem de atingir um nível explicativo e crítico que permita aos profissionais do ensino agir e falar com o poder da razão.

Os formadores de professores têm uma grande responsabilidade na ajuda ao desenvolvimento desta capacidade de pensar autonôma e sistematicamente. E têm vindo a ser desenvolvidas uma série de estratégias de grande valor formativo, com algum destaque para a pesquisa-ação no que concerne à formação de professores em contexto de trabalho.

Penso que a pesquisa-ação, a aprendizagem a partir da experiência e a formação com base na reflexão têm muitos elementos em comum. Tentarei abordar esta temática mais à frente.

Queremos que os professores sejam seres pensantes, intelectuais, capazes de gerir a sua ação profissional. Queremos também que a escola se questione a si própria, como motor do seu desenvolvimento institucional. Na escola, e nos professores, a constante atitude de reflexão manterá presente a importante questão da função que os professores e a escola desempenham na sociedade e ajudará a equacionar e resolver dilemas e problemas.

Mas a reflexão, para ser eficaz, precisa de ser sistemática nas suas interrogações e estruturante dos saberes dela resultantes. A metodologia de pesquisa-ação apresenta-se com potencialidades para servir este objetivo. A pesquisa-ação tem três características importantes:

a) a contribuição para a mudança;

b) o caráter participativo, motivador e apoiante do grupo;

c) o impulso democrático.

A pesquisa-ação tem múltiplas definições. Tomarei, como referência, a dos colaboradores de Lewin, o grande conceptualizador da pesquisa-ação. Eles afirmam que a pesquisa-ação é

> uma aplicação da metodologia científica à clarificação e à resolução dos problemas práticos. É também um processo de mudança pessoal e social planeada. Em ambos os sentidos constitui um processo de aprendizagem que dá particular relevo à qualidade da colaboração no planeamento

da ação e na avaliação dos resultados (Benne, Bradford e Lippitt, 1964: 33).

Nos últimos anos tem-se realçado o valor formativo da pesquisa-ação e a formação em contexto de trabalho, pelo que muitas vezes se usa o trinômio pesquisa-formação--ação. Subjaz a esta abordagem a ideia de que a experiência profissional, se sobre ela se refletir e conceptualizar, tem um enorme valor formativo. Aceita-se também que a compreensão da realidade, elemento que constitui o cerne da aprendizagem, é produto dos sujeitos enquanto observadores participantes implicados. Reconhece-se ainda que o móbil da formação nos profissionais adultos advém do desejo de resolver os problemas que encontram na sua prática quotidiana.

Tendo em conta estas constatações, tentei articular três construções teóricas que nos permitem compreender o papel e o valor da pesquisa-formação-ação no desenvolvimento individual e coletivo dos professores e da escola em que se inserem, considerada também ela, em desenvolvimento e em aprendizagem.

As três construções teóricas são:

a) a pesquisa-ação;

b) a aprendizagem experiencial;

c) a abordagem reflexiva.

Explicarei a sua articulação a partir de uma figura que, para o efeito, elaborei[2].

---

2. Esta figura foi apresentada, pela primeira vez, em Alarcão (2002). Nesse texto encontrará o leitor uma abordagem mais aprofundada desta matéria.

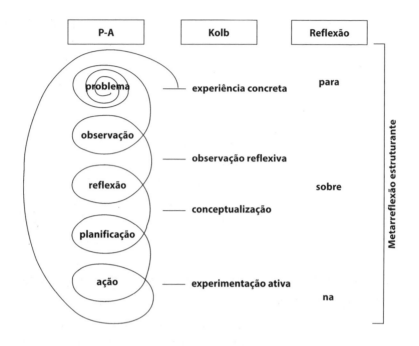

A pesquisa-ação, a aprendizagem experiencial e a abordagem reflexiva

A pesquisa-ação é uma metodologia de intervenção social cientificamente apoiada e desenrola-se segundo ciclos de planificação, ação, observação, reflexão. Como parte de um problema que se pretende solucionar e como se sabe que para bem resolver um problema é preciso caracterizá-lo primeiro, introduzi, na representação da minha conceptualização, o elemento "problema" e associei-lhe as dimensões observação e reflexão que permite caracterizá-lo.

Se considerarmos agora a abordagem experiencial, cujo modelo foi concebido por Kolb (1984), relembraremos que a aprendizagem é um processo transformador da experiência no decorrer do qual se dá a construção de saber. Este processo compreende quatro fases, ilustradas na figura. São elas:

a) experiência concreta,
b) observação reflexiva,
c) conceptualização,
d) experimentação ativa.

A essência do modelo é muito simples. Por processos de observação e reflexão, a experiência é analisada e conceptualizada. Os conceitos que resultam deste processo de transformação servem, por sua vez, de guias para novas experiências, o que confere à aprendizagem também um caráter cíclico, desenvolvimentista.

A relação deste processo de aprendizagem com o percurso da pesquisa-ação é óbvia. Tomando como ponto de partida os problemas emergentes da prática quotidiana dos professores como atores envolvidos, e se efetivamente eles forem assumidos como problemas relativamente aos quais se quer dar resposta, impõe-se, como primeira tarefa, a compreensão do problema nos seus vários elementos. Este processo de desocultação da situação problemática, esta análise estruturada e enquadradora, decorre de um processo de observação e reflexão, necessário à adequada conceptualização da solução a planificar, que ocorre na fase seguinte.

Compreendido o problema, urge planificar a solução de ataque e pô-la em execução para, de seguida, se observar o que resulta da experiência, se conceptualizarem resultados e problemas emergentes, se planificar ou replanificar, entrando assim num novo ciclo da espiral da pesquisa-ação.

Se agora analisarmos o processo numa perspectiva reflexiva de cariz schöniano, podemos nele encontrar as componentes da reflexão na ação e sobre a ação, a que acrescentei a da reflexão para a ação, tão importante na pesquisa-ação.

A reflexão na ação acompanha a ação em curso e pressupõe uma conversa com ela. Refletimos no decurso da própria ação, sem a interrompermos, embora com breves instantes de distanciamento e reformulamos o que estamos a fazer enquanto estamos a realizá-lo, tal como fazemos na interação verbal em situação de conversação.

A reflexão sobre a ação pressupõe um distanciamento da ação. Reconstruímos mentalmente a ação para tentar analisá-la retrospectivamente.

Para que a dimensão formadora atinja um alto grau formativo e um valor epistêmico, resultando em aquisição de conhecimentos a disponibilizar em situações futuras, importa que esse processo seja acompanhado por uma meta-reflexão sistematizadora das aprendizagens ocorridas. É o processo de metarreflexão de que nos fala Schön, ao pôr em destaque a relevância da reflexão sobre a reflexão na ação.

Um pouco por todas as escolas estão a surgir grupos de professores que se constituem para estudar um assunto ou encontrar solução para um problema do seu quotidiano. Isto revela um comprometimento com a profissão, um desejo de aperfeiçoamento profissional e uma manifestação de interesse pela melhoria da qualidade da educação. Parece-me, porém, que não bastam boas intenções. É preciso saber como se pode ser mais reflexivo, para se ser mais autônomo, responsável e crítico.

Para além, ou melhor, em complementaridade com a pesquisa-ação, existem outras estratégias de desenvolvimento da capacidade de reflexão. Ocorre-me mencionar as seguintes:

a) a análise de casos;

b) as narrativas;

c) a elaboração de portfólios reveladores do processo de desenvolvimento seguido;

d) o questionamento dos outros atores educativos;

e) o confronto de opiniões e abordagens;

f) os grupos de discussão ou círculos de estudo;

g) a auto-observação;

h) a supervisão colaborativa;

i) as perguntas pedagógicas.

Muitas destas estratégias, aliás, fazem parte dos próprios processos metodológicos empregues na pesquisa-ação que envolve um trabalho de projeto mais ou menos longo do qual resulta, em princípio, a resolução de um problema concreto e a qualificação dos participantes pela formação através da ação.

Tecerei, de seguida, alguns comentários a respeito de algumas das estratégias que acabo de referir[3].

---

3. Exposições mais aprofundadas podem encontrar-se em Alarcão (ed.) (1996; 2ª ed. 2000).

A análise de casos

Os casos são a expressão do pensamento sobre uma situação concreta que, pelo seu significado, atraiu a nossa atenção e merece a nossa reflexão. São descrições, devidamente contextualizadas, que revelam conhecimento sobre algo que, normalmente, é complexo e sujeito a interpretações. Os casos que os professores contam revelam o que eles ou os seus alunos fazem, sentem, pensam, conhecem. Shulman (1986), um autor que a esta estratégia tem dedicado grande atenção, afirma que os casos só são casos (e não meros incidentes) porque representam conhecimento teórico e assumem um valor explicativo que vai para além da mera descrição. São deste autor as seguintes palavras:

> um caso, entendido em toda a sua globalidade, não é apenas o relato de um acontecimento ou incidente (...). É caso porque representa conhecimento teórico (...). Um acontecimento pode ser descrito; um caso tem de ser explicado, interpretado, discutido, dissecado e reconstruído. Assim se pode concluir que não há nenhum conhecimento verdadeiro de caso sem a correspondente interpretação teórica (Shulman, 1986: 11).

Dado o caráter altamente contextualizado e complexo da atividade profissional do professor, a análise casuística de episódios reais apresenta-se-me como uma estratégia de grande valor formativo. Permite desocultar situações complexas e construir conhecimento ou tomar consciência do que afinal já se sabia.

As narrativas

O ato de escrita é um encontro conosco e com o mundo que nos cerca. Nele encetamos uma fala com o nosso íntimo e, se quisermos abrir-nos, também com os outros. Implica reflexões a níveis de profundidade variados. As narrativas revelam o modo como os seres humanos experienciam o mundo.

O acento que hoje se coloca no sujeito cognoscente revalorizou as narrativas como estratégias epistêmicas. Enquanto adultos, as situações por nós vividas constituem-se normalmente como pontos de partida para a reflexão. É certamente por isso que a abordagem de Kolb (1984) sobre a aprendizagem experiencial encontra tanto eco entre nós, adultos.

As narrativas serão tanto mais ricas quanto mais elementos significativos se registrarem. Para serem compreensíveis, é importante registrarem-se não apenas os fatos, mas também o contexto físico, social e emocional do momento.

Geralmente é difícil ganhar o hábito de escrever narrativas. Perante a folha de papel em branco, o professor normalmente pergunta-se sobre o que há de escrever. Algumas perguntas muito simples, para começar, podem ajudar. São perguntas do tipo: O que aconteceu? Como? Onde? Por quê? O que senti, eu e/ou as outras pessoas envolvidas? O que penso relativamente ao que aconteceu?

O hábito, se adquirido na formação inicial, tem grandes probabilidades de perdurar pela vida profissional adentro. Ajudará a analisar a vida, desdobrará o percurso profissional, revelará filosofias e padrões de atuação, registrará aspectos conseguidos e aspectos a melhorar, constituirá um manancial de reflexão profissional a partilhar com os colegas.

Num estudo relatado por Sá-Chaves, duas educadoras de infância em estágio pedagógico procederam a uma autoanálise das suas narrativas em dois momentos diferentes do estágio e retiraram conclusões relativas ao seu desenvolvimento. Afirma uma delas: *"este trabalho é fundamental para qualquer profissional, já que nos dá a conhecer aspectos de nós mesmos e, dos quais, não temos consciência de os estarmos a fazer"* (2000: 26).

Clandinin e Connelly (1991) falam-nos do sucesso da utilização do que chamaram "narrative inquiry" (pesquisa apoiada em narrativas) na formação de professores. Este método assenta fundamentalmente no trabalho colaborativo entre colegas, independentemente da sua posição ou experiência. Pressupõe que os membros do grupo partilhem as suas narrativas, contem as suas histórias, as abram à reconstrução, desconstrução e significação, as ofereçam aos outros colegas que, como "critical friends" (amigos críticos) as ouvem ou leem, sobre elas questionam ou elaboram. Este projeto trouxe à luz do dia a compreensão do conhecimento prático dos professores.

As narrativas podem incidir sobre o próprio professor, assumindo assim um caráter autobiográfico, mas podem também ter como foco de atenção os alunos, a escola, o comportamento da sociedade ou dos políticos perante a educação, isto é, tudo aquilo que permita compreender as finalidades e os contextos educativos.

Narrativas e casos: que relação?

As narrativas estão na base dos casos, mas os casos implicam uma teorização. Os seres humanos são por natureza contadores de histórias e parte do conhecimento tem passado de geração em geração através de histórias, porque as histórias encerram toda uma série de conceitos e de valores. Os casos não são meras narrativas; eles encerram em si conhecimento sobre a vida.

Quando estava a escrever este texto, tinha como livro de lazer "A Cadeira de Balanço" de Carlos Drummond de Andrade. Ao abri-lo, deparei com uma 1ª seção onde encontrei, entre outros, o caso de almoço, o caso de recenseamento, o caso de chá, o caso de menino, o caso de boa ação. Como eles revelam pensamento sobre a vida e uma filosofia de vida!

Os casos são narrativas elaboradas (ou trabalhadas) com um objetivo: darem visibilidade ao conhecimento. Tomemos como exemplo o episódio e o caso do Centro de Aprendizagem de que falei no capítulo 1.

A autora do relato, professora e impulsionadora do Centro, ao descrever o que aconteceu, apresentou já algumas reflexões que nos deram a conhecer a problemática e a filosofia e estratégia educacional das pessoas envolvidas. Ao comentá-lo, desocultou outros aspectos que ajudaram a desenvolver o nosso conhecimento sobre o conceito de escola reflexiva que então apresentei.

As narrativas podem ser aproveitadas para serem tratadas como caso, desvendando o conhecimento que lhes subjaz. Mas muitas vezes os casos são escritos pelos próprios professores no sentido de exprimirem as suas próprias teorizações.

Os portfólios

Tenho vindo a definir portfólio como

um conjunto coerente de documentação refletidamente selecionada, significativamente comentada e sistematicamente organizada e contextualizada no tempo, reveladora do percurso profissional.

O conceito de portfólio sofreu uma migração que o levou da área das artes, onde se mantém, para a área da educação e da formação, onde o conceito tem assumido novas colorações e se tem espalhado rapidamente.

A concepção original de portfólio encerra a ideia de apresentação do artista através das suas obras mais características a fim de que outros possam apreciar e avaliar o seu valor a partir do que ele próprio considera mais significativo. Existem, neste processo, duas características a salientar. Por um lado, o fato de o portfólio ser uma construção pessoal do seu autor, que seleciona os seus trabalhos, os organiza, os explica e lhes dá coerência. A sua originalidade faz deles peças únicas, singulares, peculiares. Por outro lado, o fato de o portfólio ter uma finalidade: dar-se a conhecer, revelar-se, aspirando a um reconhecimento do mérito. São formas de demonstrar a evidência e possibilitar, pela demonstração de competência, a certificação da mesma.

Na formação de professores os portfólios têm sido utilizados, embora não de uma forma generalizada. Idália

Sá-Chaves, uma das formadoras que, em Portugal, se tem dedicado à prática e à teorização desta estratégia formativa no contexto da abordagem reflexiva em formação de professores, utiliza a designação de "portfólios reflexivos". A autora atribui aos portfólios reflexivos os seguintes contributos:

— Promover o desenvolvimento reflexivo dos participantes, quer ao nível cognitivo, quer metacognitivo.

— Estimular o processo de enriquecimento conceptual, através de recurso às múltiplas fontes de conhecimento em presença.

— Estruturar a organização conceptual ao nível individual, através da progressiva aferição de critérios de coerência, significado e relevância pessoal.

— Fundamentar os processos de reflexão para, na, e sobre a ação, quer na dimensão pessoal, quer profissional.

— Garantir mecanismos de aprofundamento conceptual continuado, através do relacionamento em *feedback* entre membros das comunidades de aprendizagem.

— Estimular a originalidade e criatividade individuais no que se refere aos processos de intervenção educativa, aos processos de reflexão sobre ela e à sua explicitação, através de vários tipos de narrativa.

— Contribuir para a construção personalizada do conhecimento para, em e sobre a ação, reconhecendo-lhe a natureza dinâmica, flexível, estratégica e contextual.

— Permitir a regulação em tempo útil, de conflitos de etiologia diferenciada, garantindo condições de estabilidade dinâmica e de desenvolvimento progressivo da autonomia e da identidade.

— Facilitar os processos de auto e heteroavaliação, através da compreensão atempada de processos (2000: 10).

As perguntas pedagógicas

Como atributo do ser humano, a capacidade de questionarmos e de nos questionarmos a nós próprios é um motor de desenvolvimento e de aprendizagem. Pela questionação tudo é susceptível de vir a ser mais bem compreendido, mais assumidamente aceite ou rejeitado. Porém, as perguntas, para merecerem a designação de pedagógicas, têm de ter uma intencionalidade formativa e isso, independentemente de quem as faz, quer o próprio professor quer um seu colega ou supervisor. Esta atitude questionadora está na base de todas as outras estratégias que temos vindo a referir.

Tom (1987) e Smyth (1989) são dois autores que têm salientado o valor das perguntas pedagógicas como meio de desenvolvimento profissional, nomeadamente na perspectiva de emancipação e manifestação do espírito crítico pelos professores como intelectuais e cidadãos interventivos na sociedade.

Smyth agrupa-as em quatro tipos fundamentais e com objetivos diferentes: descrição, interpretação, confronto, reconstrução. Hierarquicamente organizadas, elevam-se da descrição à reconstrução e transformação. As perguntas de descrição situam-se ao nível do que os professores fazem ou sentem. As de interpretação vão mais longe e focalizam-se no significado das ações ou dos sentimentos. As perguntas de confronto trazem a novidade, e por vezes o incômodo, de outros olhares e podem vir a constituir-se como um rasgar de horizontes e início da mudança, da reconstrução e da inovação.

Conclusão

As estratégias de formação referenciadas têm como objetivo tornar os professores mais competentes para analisarem as questões do seu quotidiano e para sobre elas agirem, não se quedando apenas pela resolução dos problemas imediatos, mas situando-os num horizonte mais abrangente que perspectiva a sua função e a da escola na sociedade em que vivemos.

Para isso a escola não pode estar de costas voltadas para a sociedade nem esta para aquela. Mas também os professores não podem permanecer isolados no interior da sua sala de aula. Em colaboração, têm de construir pensamento sobre a escola e o que nela se vive. É neste contexto que também ganham força os círculos de estudo e os grupos de discussão sobre temas candentes. Igualmente significativo é o incremento de iniciativas de supervisão colaborativa em que, num espírito de entreajuda, os colegas se assumem como heterossupervisores potencializando deste modo o processo de auto-observação e de automonitorização fundamental para o desenvolvimento profissional.

A terminar este capítulo gostaria de estabelecer uma ligação com uma ideia que salientei no primeiro capítulo. Refiro-me à necessidade de os professores, na sua reflexão, atenderem aos degraus que vão dos dados à sabedoria. As informações são, sem dúvida, muito importantes. Mas só o conhecimento que resulta da sua compreensão e interpretação permitirá a visão e a sabedoria necessárias para mudar a qualidade do ensino e da educação.

Capítulo 3

Contributos da supervisão pedagógica para a construção reflexiva do conhecimento profissional dos professores

Introdução[1]

Neste capítulo pretendo apresentar algumas reflexões que tenho vindo a fazer sobre o papel do supervisor na sua relação com o professor e com os saberes de referência, com vista ao desenvolvimento do conhecimento profissional dos professores. Pergunto-me, pois, como é que a supervisão pode contribuir para a construção do conhecimento profissional e como se devem articular estes dois vetores.

Impõe-se, em primeiro lugar, uma clarificação do que entendo pelos dois conceitos fundamentais envolvidos na

---

1. Este capítulo tem por base o texto da minha participação num painel sobre "Contributos da supervisão na construção do conhecimento pedagógico", realizado em 7 de maio de 1997, na Universidade de Aveiro, em Portugal, promovido pela Unidade de Investigação *Construção de Conhecimento Pedagógico nos Sistemas de Formação*, financiada pela Fundação para a Ciência e a Tecnologia.

temática em consideração, isto é, os conceitos de **supervisão pedagógica** e de **conhecimento profissional dos professores**. Começarei por este último.

Conhecimento profissional dos professores

Fala-se, a respeito dos professores, de conhecimento pedagógico, de conhecimento científico, de conhecimento científico-pedagógico, de conhecimento pedagógico-didático, de conhecimento profissional, de conhecimento pedagógico de conteúdo. Fala-se ainda de conhecimento declarativo ou substantivo, conhecimento de conteúdo, conhecimento processual, conhecimento contextual. E ainda de conhecimento explícito, implícito, tácito, empírico, experiencial, conhecimento na ação e conhecimento sobre a ação.

Tudo isto indicia uma preocupação: caracterizar a natureza do conhecimento dos professores e a sua manifestação na atividade profissional.

Tendo início num movimento que começou por estudar o pensamento dos professores, têm-se vindo a construir várias abordagens. Umas influenciadas pelas teorias da decisão e do processamento da informação, tentam compreender a ação do profissional docente à luz de elementos cognitivos presentes nas planificações de aulas e no modo como os professores as adaptam ao contexto da situação (Clark e Peterson, 1986; Yinger, 1987; Clark, 1988, por exemplo). Outras assinalam a vertente prática, experiencial, contextualizada, do conhecimento profissional dos professores (Clandinin, 1986; Elbaz, 1983), a que não são alheios os valores e os princípios em que acreditam, vulgarmente designadas de crenças. Outros, ainda, reconhecem a importância dos referentes teóricos e experienciais (Shulman, 1986; Barth, 1993).

A esta preocupação pela caracterização do conhecimento profissional do professor têm sido sensíveis vários investigadores, concentrando a sua atenção sobre os contributos das várias ciências para a construção do conhecimento profissional docente, no seu sentido lato e não no seu sentido restrito de conhecimento científico-pedagógico ou pedagógico de conteúdo, como alguns gostam de lhe chamar[2].

O **conhecimento científico-pedagógico** como compreensão do modo como se organiza o conteúdo ou conteúdos disciplinares, tendo em atenção a sua estrutura, temas e conceitos a fim de o tornar compreensível pelo aluno é uma dimensão do conhecimento profissional, mas não a única.

Acrescentam-se-lhe outras dimensões.

Na base desse conhecimento situa-se, como é evidente, o **conhecimento do conteúdo disciplinar**, isto é, a compreensão profunda e o domínio da matéria a ensinar, no que diz respeito aos conceitos e temas que a constituem, às estruturas que lhes conferem organização interna e ao grau de relevância de uns sobre os outros.

---

2. Para esta conceptualização muito contribuiu o pensamento de Lee Shulman (1986, 1993). Sobre este mesmo tema e em língua portuguesa, pode ler-se Tavares (1997), Sá-Chaves (1997).

Mas também aquilo que Shulman designa por "general pedagogical knowledge", **conhecimento pedagógico em geral**, ou seja, o domínio dos princípios pedagógicos genéricos comuns às várias disciplinas e que se manifestam na maneira como o professor organiza e gere as atividades de sala de aula.

Porém, a atividade do professor insere-se num sistema escolar que tem a sua organização própria, onde o **conhecimento do currículo**, entendido como a compreensão do conjunto das áreas disciplinares e não disciplinares que integram a organização das atividades formativas de um determinado nível de ensino, bem como o conhecimento da estrutura dos seus programas, é fundamental.

Sendo o aluno o elemento central da ação educativa, é imprescindível que o professor detenha **conhecimento do aluno e das suas características**, isto é, compreenda o seu passado e o seu presente, a sua história de aprendizagem, o seu nível de desenvolvimento, a sua envolvente sociocultural.

Mas a atividade docente é uma atividade psicossocial que se desenvolve em contextos espaciais, temporais, sociais, organizativos com valor educativo e em que cada circunstância tem aspectos singulares e únicos. Por isso, o **conhecimento dos contextos** é fundamental.

Os contextos vão-se desdobrando até ao macrocontexto instituído pela cultura educativa da sociedade tornada explícita na definição dos fins e objetivos educativos, pelo que a compreensão destes, bem como dos fundamentos históricos, psicossociais, culturais e políticos da educação, são imprescindíveis para uma atuação contextualizada da ação do professor. É o **conhecimento dos fins educativos**.

Finalmente, o professor como profissional do humano (como insisto em chamar-lhe), tem uma especial responsabilidade sobre a sua atuação pelo que o **conhecimento de si mesmo** no que é, no que faz, no que pensa e no que diz, ou o autoconhecimento, que abrange a dimensão metacognitiva e metaprática, é mola impulsionadora do seu desenvolvimento pessoal e profissional.

E porque o professor se integra numa comunidade profissional, acrescentei uma nova dimensão a que chamarei **conhecimento da sua filiação profissional.**

É interessante constatar que estas dimensões do conhecimento profissional aqui apresentadas, com nítida influência do trabalho de Lee Shulman (1986), não são muito diferentes das dimensões identificadas pelos organizadores do 1º Congresso Nacional de Formação Contínua realizado na Universidade de Aveiro em 1991, em Portugal, a saber: dimensão do desenvolvimento pessoal e social, dimensão expressivo-comunicativa, dimensão do domínio da especialidade, dimensão pedagógico-didática, dimensão histórico--cultural, dimensão institucional e administrativa.

Supervisão pedagógica

Quando em Portugal se fala em supervisão pedagógica, restringe-se normalmente a amplitude do termo ao contexto da formação inicial, contrariamente ao que acontece nos EUA, e até no Brasil, onde a supervisão se focaliza muito no acompanhamento de professores no exercício da profissão, na monitorização da escola e na difusão da inovação.

Tenho trabalhado e refletido mais em questões de formação inicial, pela própria natureza dos ambientes em que tenho estado inserida, mas tenho igualmente deixado bem claro que a supervisão não se limita ao contexto da formação inicial nem da profissionalização em serviço. Em 1987, ao publicar, em colaboração, o livro *Supervisão da Prática Pedagógica. Uma Perspectiva de Desenvolvimento e Aprendizagem* (Alarcão e Tavares, 1987), referia a formação continuada (então quase inexistente em Portugal, de forma sistematizada) como o contexto privilegiado para a realização do modelo de supervisão clínica. Mas há outros contextos em que a supervisão tem dever de presença. Refiro-me à supervisão curricular e à supervisão como vertente formativa da inspeção e como consequência natural da avaliação do desempenho que não entendo sem que, concomitantemente, se criem condições de aprendizagem e desenvolvimento profissionais, objetivo principal da supervisão. Ultimamente, e também por virtude de funções de direção que desempenhei, tenho vindo a alargar o conceito de supervisão à dimensão escola entendida como escola reflexiva, em desenvolvimento e em aprendizagem (Alarcão, 2001 a, b, c; 2002).

Como resultado das reflexões que, sobre este assunto, tenho vindo a fazer ao longo de mais de vinte anos, gostaria de salientar, a propósito da supervisão pedagógica dos professores, que:

- a supervisão é uma atividade cuja finalidade visa o desenvolvimento profissional dos professores, na sua dimensão de conhecimento e de ação, desde uma situação pré-profissional até uma situação de acompanhamento no exercício da profissão e na inserção na vida da escola;

- situando-se ao nível imediato da ação sobre os professores, a atividade de supervisão tem um valor que o transcende para atingir a formação dos alunos, a vida na escola, a educação;
- a supervisão é uma atividade de natureza psicossocial, de construção intra e interpessoal, fortemente enraizada no conhecimento do eu, do outro e dos contextos em que os atores interagem, nomeadamente nos contextos formativos;
- a atividade de supervisão joga-se na interação entre o pensamento e a ação, com o objetivo de dar sentido ao vivido e ao conhecido, isto é, de compreender melhor para melhor agir;
- o contexto formativo da supervisão deve propiciar o desenvolvimento de capacidades, atitudes e conhecimentos e o contributo destes para a competência profissional, essa de natureza integrada e holística;
- implícitas nestas funções, insere-se a avaliação com predomínio da função formativa;
- o supervisor é fundamentalmente um gestor e animador de situações e recursos intra e interpessoais com vista à formação;
- a gestão de situações formativas, no contexto da supervisão, implica capacidades humanas e técnico--profissionais específicas;
- o desempenho da função da supervisão, pela sua natureza, pressupõe pré-requisitos e formação especializada.

O supervisor e a construção do conhecimento pedagógico

Já tarda a resposta à questão que inicialmente formulei: como é que o supervisor pedagógico pode ajudar a construir o conhecimento pedagógico?

Em primeiro lugar, pela sua presença e atuação, pelo diálogo propiciador da compreensão dos fenômenos educativos e das potencialidades dos professores, pela monitorização avaliativa de situações e desempenhos. Ou, dito de outra forma: pelo que é e pelo que faz, pelo que diz e pelo que sabe.

A fim de exemplificar a visão que acabo de defender, tentarei evidenciar como a fala em diálogo formativo, alicerçada na observação e na capacidade de escuta atenta, se constitui pedra angular na construção do conhecimento profissional.

Análise de uma interação discursiva em contexto de supervisão pedagógica

Começarei por contextualizar os trechos discursivos que vou analisar[3].

A interação ocorreu numa pequena sala da Universidade, uma das instituições que intervém na formação dos alunos em formação inicial de professores do 1º Ciclo do

---

3. Quero aqui expressar os meus agradecimentos à supervisora que, tão gentilmente, me disponibilizou, para análise, os textos gravados e transcritos.

Ensino Básico (6 a 10 anos). A outra instituição interveniente era a escola do 1º Ciclo onde aquele grupo de 4 estagiários realizava as suas 12 horas de prática pedagógica no 3º ano do seu curso, prática essa que os envolve em lecionação direta sob a supervisão do professor da classe, designado por professor cooperante, e do supervisor da Universidade.

A sessão de supervisão de que retirei os excertos seguintes ocorreu no princípio do ano, em 31 de outubro (1990) e corresponde à sessão semanal de reflexão sobre as práticas. Nela participaram: a supervisora da Universidade, que coordenou, a orientadora da escola, os quatro alunos-futuros professores em formação e outros 3 que também tinham a mesma supervisora.

A supervisora seguiu o seu esquema habitual: descrição do que tinha acontecido na aula feita pelo estagiário que tinha assumido a condução da classe e completada pelos colegas que tinham assistido e realizado intervenções pontuais; análise interpretativa e negociada dos acontecimentos a partir das várias vozes que contribuíram para a análise multivisional do que tinha sido observado na sala de aula. A partir da sala de aula, como microcontexto de referência, partiu-se para outros contextos: as vivências dos participantes, os quadros teóricos de referência... O ponto de chegada foi a síntese da conceptualização realizada a partir da prática que, permitindo uma melhor compreensão da prática, permitiu também a identificação de conceitos teóricos, base conceptual a permitir interpretações de outros contextos num desenvolvimento espiralado.

Na sua descrição inicial, o Luís explicou que a sua intervenção se situava no âmbito da Expressão Plástica e que o 4º ano (último ano do 1º Ciclo do Ensino Básico) tinha de construir o mapa de Portugal em papel cenário, enquanto que o 3º ano tinha de construir o mapa da Beira Litoral. Dividiu os alunos em grupos e distribuiu-lhes tarefas: fazer a zona Norte do País, fazer a zona Sul, carimbar, recortar e colar vários tipos de animais domésticos. Depois de ter afirmado que os seus objetivos tinham sido atingidos, o Luís referiu a existência de situações imprevistas. Vejamos como decorre a interação:

> Luís — (...) Houve várias coisas pelo meio que eu não estava à espera que acontecessem e aconteceram.
> Sup. — Descreva-as, por favor.

O Luís referiu a utilização dos espaços, que podia ter sido melhor se tivesse puxado as mesas e as cadeiras para um canto deixando mais espaço entre os grupos. Referiu também que a luz era fraca porque havia uma lâmpada fundida e isso tinha originado sombras e dificuldades em ver os limites das províncias, o que tinha ocasionado alguns enganos. Referiu ainda que tinham surgido muitas perguntas ao mesmo tempo e autocriticou-se ao dizer:

> Luís — Houve, houve outra coisa, eu agora estava-me a lembrar, houve outra coisa no início (...) eu fiz uma introdução àquilo que nós íamos fazer (...). Expliquei-lhes o que é que estávamos ali a fazer, o que é que ia acontecer, expliquei-lhes que tipo de materiais é que nós tínhamos, para que é que serviam esses materiais, como é que os íamos utilizar... Agora, eu penso é que essa explicação não foi tão boa como isso, porque surgiu logo umas dúvidas, eles logo, logo a seguir... sei lá, 5 ou 6 alunos levantaram o braço para dizer "não estou a perceber" (...).

Neste momento, a supervisora, ouvinte atenta do discurso do Luís, envolveu os outros colegas:

> Sup. — Os colegas que estiveram a observar poderiam neste momento, por favor, dizer-me o que é que acharam desta 1ª fase de sensibilização do Luís, que terá... sido a causa para esta dificuldade de os alunos compreenderem. Identificaram os fatores que levaram os alunos a não compreender completamente?

A pergunta não é totalmente aberta. Indicia a necessidade de caracterizar o problema através da identificação de fatores. Ao questionar, orienta (*qual terá sido a causa? identificaram os fatores?*). Mas a pergunta mantém-se aberta à reflexão com base na observação de cada um.

Ouçamos as suas vozes:

> A — Eu reparei logo numa coisa: a linguagem que o Luís utilizou não era apropriada para os alunos (...)
>
> Sup. — O que é que tu achas? Demasiado fácil ou demasiado difícil? (A supervisora focaliza)
>
> A — Não era difícil, acho que era técnica. Isso é que fez com que os miúdos não percebessem. Mas há outra coisa, quando o Luís diz que houve miúdos que puseram a mão no ar, porque não perceberam, não foi essa a razão. Os miúdos que fizeram as perguntas foram os miúdos que não estiveram com atenção. Estavam a ver os grupos, sabes por quê?
>
> L — O Mário, por exemplo, estava com atenção...
>
> A — O Mário soube dar a explicação, não te esqueças disso!
>
> L — Mas ele tinha dúvidas.

A — Não, o Mário, disse, perguntou-te qualquer coisa...

L — O Pedro também.

A — Houve alguém que tinha uma dúvida e ele *(Mário)* disse: Ah! Eu explico. E tu disseste assim, ele disse eu sei, e tu disseste assim: então explica aos teus colegas.

L — Mas isso foi depois, isso depois, ele tinha a dúvida, ele primeiro tinha a dúvida...

A — Ele tinha a dúvida como qualquer pessoa poderia ter!

L — E levantou o braço.

PL — Eu acho que as dúvidas que surgiram foram as mais naturais que podiam ter acontecido numa aula daquele tipo. Primeiro, porque o trabalho que se estava a fazer,... havia uma divisão de grupos em que tinha que haver por parte das crianças uma interiorização daquilo que tinham que fazer. Que era: iam fazer a zona Norte do País. Eles tinham que saber quais eram as regiões que iam delimitar, até onde é que o Luís tinha considerado a zona Norte, estava escrito no quadro. Tinha zona Norte e tinha as várias províncias que tinham de delimitar. Eu acho que, pronto, eu acho que, é isso, eu acho que as dúvidas foram muito naturais!

A/F — Legítimas. Os alunos que pediam para, para...o que é que iam fazer, perguntaram o que é que iam fazer, foi talvez um erro que tu cometeste que foi deixar um grupo sem saber o que é que ia fazer. E esses é que começaram a ver os outros a trabalhar já nas suas tarefas e eles, eles começaram: então nós não fazemos nada? Então e nós? Foi isso, que eu acho...

L — Pois, isso foi uma coisa que eu também...

F — A linguagem até foi, foi bastante acessível.

Sup. — Pronto, estão, portanto, identificadas. Está ótimo, obrigada.

A supervisora, que ao longo desta interação não interveio, deixando os alunos falar livremente e discutir as suas opiniões, considerou que o problema estava suficientemente clarificado. Não o entendeu assim o Luís que acrescentou que, a meio da aula, houve uma grande confusão porque, como os espaços eram pequenos e não estavam bem delimitados, os grupos misturaram-se, retomando assim a questão da má distribuição do espaço.

A supervisora começou então a tentar que os formandos arrumassem as suas cabeças, recorrendo a conceitos já aprendidos: *"Gostava apenas de fazer um reforço dos conceitos"*. Depois de comentar que os objetivos tinham sido conseguidos, sintetizou os problemas percebidos: gestão do tempo, gestão do espaço, gestão de atividades. Mas relativizou, pois são capacidades que levam tempo a desenvolver e às vezes tem de se fazer uma gestão que não corresponde ao plano da lição. Neste contexto perguntou:

> Sup. — (...) *Como é que nós já chamamos* (...) *a esta ideia que justifica a má gestão temporal ou a irregular gestão temporal do Luís?*
>
> A/Todos — *Gerir as imprevisibilidades.*
>
> ...
>
> Sup. — (...) *o Luís referiu nas coisas como ele diz "houve várias coisas pelo meio que não estavam previstas", aquela que ele referiu com maior incidência foi o "ruído" na comunicação e é este, este também é um conceito que está a ser posto em prática pela primeira vez. O ruído na comunicação. Alguém tem ideia do que é que isto significa? Uma comunicação com ruído de fundo?*
>
> ...
>
> A — *É uma comunicação que não se faz na totalidade, porque se perde muita informação.*

Nesta contextualização do conceito, houve uma construção situada do conhecimento. Os conceitos, na sua grande maioria, têm um lado funcional. Foi o que a supervisora quis demonstrar, na tentativa de evidenciar a ligação entre ação e cognição, prática e teoria.

A supervisora retomou então outro dos fatores identificados como causa do problema e que parecia ter sido a estratégia mais geradora de ruído: deixar um grupo sem tarefa.

> Sup. — (...) *Como é que do ponto de vista teórico, alguém (...) quer justificar que este é o verdadeiro erro? (...) Como é que a Psicologia justifica que, dividindo a turma em 3 grupos, entregando uma tarefa a 2 é perigoso do ponto de vista dos resultados globais, deixar um grupo inativo?*
>
> L — *Sentem-se abandonados.*
>
> Sup. — *E então já passamos, e então, Luís já passamos do domínio das cognições...*
>
> L — *À afetividade.*
>
> Sup. — (...) *E eles vão começar a interrogar-se: porque é que aqueles sim, porque é que aqueles sim e nós não?... E o que é que vocês pensam que acontece quando estas perguntas lhes começam a surgir psicologicamente?*
>
> L — *Sentem-se rejeitados em relação aos outros.*
>
> Sup. — *Discriminação, é o conceito exato.*

Discutiram em seguida a diferença entre rejeição individual e rejeição de grupo para chegarem à conclusão de que tinha havido uma reação de grupo à discriminação. Daí passaram a conceitos que começaram a surgir em rede, como: democratização do ensino, igualdade de oportunidades, habituação, catarse, introversão, extroversão, isolamento, rejeição, marginalização, doenças psico-somáticas, diálogo entre escola e pais. O conhecimento começou a evidenciar-se através da construção de mapas conceptuais.

Mais tarde, depois de discutirem as funções do professor, hoje, os estagiários manifestaram-se a favor de melhor formação e melhor salário. A supervisora aceitou as suas posições e eles comentaram, mostrando a utilidade dos conceitos recordados ou aprendidos: *"Já não nos sentimos rejeitados"*.

A supervisora concluiu:

Portanto, a problemática, o quadro conceptual, como vocês veem, organizador da ação serve para todas as categorias. Nós começamos por um grupo que estava discriminado numa aulinha e passamos a compreender o fenômeno discriminação numa classe profissional. O fenômeno é rigorosamente o mesmo.

A finalizar

Partiu-se de um episódio ocorrido na sala de aula, que se descreveu e tentou compreender, fazendo intervir nesse processo conhecimentos teóricos e experienciais e recorrendo à supervisão vertical e horizontal. Utilizaram-se processos de construção do conhecimento que passaram pela: clarificação do episódio, caracterização da situação, compreensão do episódio à luz dos referentes, estruturação de conceitos. Utilizou-se uma estratégia didática de construção situada do conhecimento, estratégia característica

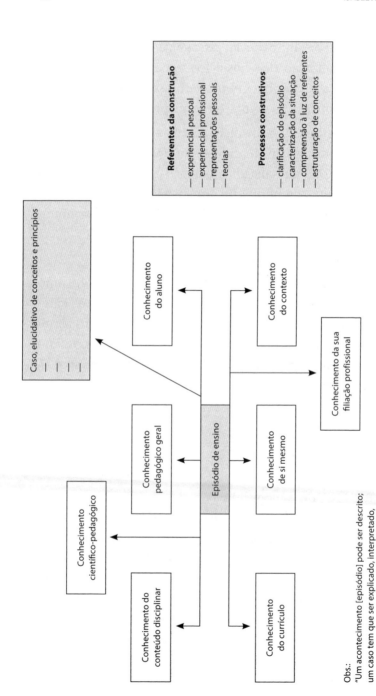

Obs.:
"Um acontecimento [episódio] pode ser descrito; um caso tem que ser explicado, interpretado, discutido, dissecado e reconstruído."

(Shulman, 1986: 11)

da situação formativa em contextos de supervisão. Desocultou-se o lado funcional dos conceitos, ligou-se a ação ao pensamento.

Na situação presente, focalizou-se a reflexão nas seguintes dimensões do conhecimento profissional: conhecimento pedagógico geral na vertente de gestão do tempo, gestão do espaço e gestão das atividades, conhecimento do aluno e do contexto, conhecimento de si mesmo como agente de ensino e conhecimento da sua filiação profissional.

Do episódio, retiraram-se conceitos e princípios. Num processo de transformação e através de perguntas pedagógicas, passou-se da descrição à representação cognitiva.

E este episódio transformou-se em mais um caso na bagagem do conhecimento profissional do futuro professor, entendendo aqui caso na acepção que Shulman lhe atribui: *"Um acontecimento (episódio) pode ser descrito; um caso tem de ser explicado, interpretado, discutido, dissecado e reconstruído"* (1986: 11).

A figura com que termino este capítulo pretende apresentar, na modalidade visual, a representação sistematizada da atividade supervisiva na sua função de gerir relações entre pessoas, entre saberes e entre agir e conhecer.

Capítulo 4

Gerir uma escola reflexiva

Introdução[1]

Frustrados pela ineficácia do conceito de professores tecnocratas, os educadores fascinaram-se com a ideia de professor como prático reflexivo. Mas se a vida dos professores tem o seu contexto próprio, a escola, esta tem de ser organizada de modo a criar condições de reflexividade individuais e coletivas.

Neste capítulo aborda-se o conceito de escola reflexiva, as características da liderança institucional, a centralidade do currículo, o papel dos professores e dos alunos, a interação com a comunidade, a permanente qualificação profissional e o renovado desenvolvimento institucional.

---

1. Este capítulo tem como base o texto da palestra proferida no Encontro Educador 2002, em São Paulo, em 9 de maio de 2002.

Uma nota autobiográfica, enquadradora do tema

Há muito tempo me interesso pelas questões da formação de professores. Tenho tentado compreender o que é ser professor e como se pode e deve formar aquele profissional que é o professor. Comecei a interessar-me por estas questões depois de ter experimentado, eu própria, as alegrias e as frustrações de ser professora e de ter descoberto, também por mim, que, para ser professora, não me bastava saber bem os conteúdos que devia ensinar, por muito importante que isso fosse. Dava-me conta de que havia mensagens que não passavam; interrogava-me sobre as condições de estudo dos meus alunos, as suas motivações para estudar ou a falta delas. Observava as suas reações sobre os fracassos que assombravam o seu percurso. Observava igualmente as reações dos meus colegas perante esses fracassos. Comecei a querer compreender mais fundo. Queria perceber os fenômenos relacionais que se estabelecem entre o professor e os alunos, as formas de acesso ao saber que se abrem aos estudantes, as dificuldades sentidas nesse acesso, o modo de lidar com a diversidade dos alunos no mesmo espaço didático. Queria identificar os contextos e as interações que permitiam o desenvolvimento e a aprendizagem dos meus alunos e de mim própria como professora.

Talvez que o que acabo de referir-vos revele o meu pendor analítico-reflexivo, a que alio uma forte predisposição para observar e agir. Neste sentido, assume para mim grande significado a teoria da aprendizagem experiencial elaborada por David Kolb (1984). Segundo Kolb, a aprendizagem implica um processo de compreensão da realidade que nos leva a passar do nível concreto da experiência ao nível abstrato da conceptualização a que se associa um processo de interiorização-exteriorização que, da reflexão, nos leva à ação. O ciclo de aprendizagem constituir-se-á, então, em quatro momentos fundamentais: experiência, observação reflexiva, conceptualização e generalização e, finalmente, experimentação na ação. A ideia de desenvolvimento e de aprendizagem, a que atrás aludi, tem norteado os meus interesses profissionais, na esfera da docência e da investigação. Em 1985, escrevi, com José Tavares, um livro intitulado *Psicologia do Desenvolvimento e da Aprendizagem* (Alarcão e Tavares, 1985). E, de novo com José Tavares, escrevi em 1987 um outro livro, desta vez sobre supervisão da prática pedagógica, mas em que concebíamos a supervisão como a criação de contextos favoráveis à aprendizagem e ao desenvolvimento dos novos professores e, por sua influência, à aprendizagem e desenvolvimento dos seus alunos. Daí o seu título e subtítulo: *Supervisão da Prática Pedagógica. Uma Perspectiva de Desenvolvimento e Aprendizagem*[2].

Acreditei, e ainda acredito, que podia ajudar os jovens professores, acompanhando-os na sua fase de iniciação à profissão. E, assim, estudei e exerci a prática da supervisão.

No estudo dos modelos de formação de professores, deparei-me fundamentalmente com duas perspectivas. A perspectiva comportamentalista, representada no movimento do desenvolvimento de competências pedagógicas previamente definidas a partir da análise do ato de ensinar e do conceito de bom professor e aturadamente treinadas em

---

2. Esgotado, o livro conhece hoje uma segunda edição, de 2003, profundamente desenvolvida.

sessões de simulação e de microensino, coexistia com a perspectiva humanista, de sinal contrário. Segundo os humanistas, a formação de professores era um processo pessoal de "se tornar professor" e baseava-se no conhecimento do eu como propiciador da descoberta dos sentidos de ser professor. Percebi que a perspectiva tecnocrata roubava ao professor o melhor que ele, como ser humano, pode manifestar: a capacidade de agir pensando e pensando-se. Mais tarde abracei a noção de professor reflexivo que encontrei nos escritos de Schön (1987) e Zeichner (1993) e que difundi em Portugal e até no Brasil (Alarcão, 1991; 1996).

Mas isso não me bastava ainda. Compreendi que o professor não pode ser um ser isolado na sua escola, mas tem de construir, com os seus colegas, a profissionalidade docente. Comecei então a interessar-me pelas dinâmicas da construção do saber pelos próprios professores em contexto de ação educativa e numa lógica de epistemologia da prática coletivamente aprofundada.

Entretanto a minha vida profissional foi-me levando a desempenhar cargos que, distanciando-me cada vez mais da ação em sala de aula, me abriram ao pensamento sobre a escola como comunidade socialmente organizada e dinamizada por um projeto próprio. Comecei a conceber a escola como organismo vivo, também ela em desenvolvimento e em aprendizagem, norteada por uma finalidade (educar) que se concretiza num grande plano de ação: o projeto educativo. Interroguei-me sobre a origem das ideias do projeto da escola e a implicação das pessoas nesse projeto, para perceber que, mesmo que a ideia seja de um só, o projeto ou é do coletivo ou está votado ao abandono e à falência. Refleti sobre o modo de envolver as pessoas e observei o que se passava quando elas se excluíam do projeto. Concluí que a escola é uma comunidade reflexiva, ou então, é um edifício sem alma. Comecei a desenvolver a ideia de escola reflexiva, também ela em desenvolvimento e em aprendizagem, conceito que definirei e sobre o qual já publiquei, em Portugal e no Brasil (Alarcão, 2001 *a, b, c*; 2002)[3].

Aprofundando mais essa noção e tentando operacionalizá-la, proponho-me agora refletir sobre a gestão de uma escola reflexiva como uma gestão integrada de pessoas e processos, uma gestão realizada com pessoas e a bem das pessoas, trazendo assim para o centro da arena educativa não apenas o aluno, mas todo o elemento humano que constitui a escola. Ao fazê-lo, não poderei deixar de analisar, como anunciei na introdução, a importância do projeto de escola, a centralidade do currículo, as características da liderança institucional, o papel dos professores e dos alunos e da comunidade, a permanente qualificação profissional e o renovado desenvolvimento institucional.

Pensando sobre a essência da escola

Começarei por vos convidar a pensarem comigo sobre o que é a escola. Como estímulo ao vosso e meu pensamento, utilizarei palavras de Macedo que assim define a escola:

> comunidade educativa, sistema local de aprendizagem e formação: grupo constituído por alunos, professores, pais/

---

3. Saliente-se que um dos livros apresenta em subtítulo a ideia de desenvolvimento e aprendizagem, presente nas obras anteriormente referidas.

encarregados de educação, representantes do poder autárquico, econômico e social que, compartilhando um mesmo território e participando de uma herança cultural comum, constituem um todo, com características específicas e com uma dinâmica própria (1995: 68).

Partilho com a autora a concepção de escola como comunidade. Comunidade em que participam vários atores sociais que nela desempenham papéis ativos, embora diversificados. Comunidade que tem uma missão: educar. Missão que não é exclusiva da escola, mas pertence também à família, à municipalidade, e à sociedade em geral.

Situada entre o macrocosmos da sociedade e o microcosmos da sala de aula, a escola situa-se no mesocosmos e estabelece a interface entre a sociedade adulta e as crianças e jovens em desenvolvimento. Como sistema local de aprendizagem, situa-se num território específico, desenvolve a sua dinâmica própria, sem contudo perder a ligação que a prende ao grande sistema de educação nacional e internacional. A escola surge-nos como um todo e não como um ajuntamento de pessoas. Esse todo, para ser coeso e dinâmico, exige uma organização. Em resumo, a escola é uma comunidade social, organizada para exercer a função de educar e instruir.

A escola como eu gostaria que ela fosse

Tomando, como enquadramento, a definição e o comentário que, em seu redor, eu teci, gostaria agora de expandir um pouco esta ideia de escola, comunidade social organizada, detentora de uma missão e características específicas.

Vou apoiar-me em palavras de Maria do Céu Roldão (2001), que ligeiramente modifiquei para caracterizar a escola como eu gostaria que ela fosse. Quero uma escola comunidade, dotada de pensamento e vida próprios, contextualizada na cultura local e integrada no contexto nacional e global mais abrangente. Não quero, pois, uma escola burocratizada que seja uma mera delegação ministerial. Desejo assim uma escola que conceba, projete, atue e reflita em vez de uma escola que apenas executa o que outros pensaram para ela. Uma escola que tenha uma ambição estratégica por oposição a uma escola que não tem visão e não sabe olhar-se no futuro. Não quero uma escola que se lamente do insucesso como um pesado e frustrante fardo a carregar, mas uma escola que questione o insucesso nas suas causas para, relativamente a elas, traçar planos de ação. Uma escola que reflita sobre os seus próprios processos e as suas formas de atuar e funcionar. Uma escola que analise, desconstrua e refaça as suas opções e a sua ação curricular. Uma escola que saiba criar as suas próprias regras. Mas que, ciente da sua autonomia responsável, saiba prestar contas da sua atuação, justificar os seus resultados e autoavaliar-se para definir o seu desenvolvimento. Em vez de uma escola que apenas cumpre as regras emanadas de outrem sem que ninguém avalie nada nem ninguém. Uma escola que se alimente do saber, da produção e da reflexão dos seus profissionais, os professores que, por isso mesmo, não se sentem meros assalariados. Uma escola à qual não é necessário ditar a formação requerida porque ela própria conhece as suas necessidades, cria os seus contextos de formação e integra a formação no seu desenvolvimento institucional. Uma escola onde tudo gira à volta da sua missão: educar as novas gerações. Em suma, uma escola com cara, como diria Paulo Freire, e não apenas uma escola... anônima.

Gostava de acrescentar ainda mais um pozinho para me referir a uma escola de que todos se orgulham: os alunos, os professores, os funcionários, os pais, a comunidade envolvente. Quer isto dizer, uma escola onde os professores se sintam felizes e úteis à sociedade e onde os alunos apreciem como é bom crescer em saber.

Como cheguei ao conceito de escola reflexiva

A uma escola deste tipo tenho vindo a chamar uma escola reflexiva que defino como

> organização que continuadamente se pensa a si própria, na sua missão social e na sua organização e se confronta com o desenrolar da sua atividade num processo heurístico simultaneamente avaliativo e formativo (Alarcão, 2001*b*: 25).

Decorre desta definição que a escola nunca está verdadeiramente feita. Encontra-se sempre em construção, em desenvolvimento. Não se trata da construção do edifício da escola, mas da comunidade social, dinâmica, que ela quer ser. É neste sentido que se deve entender a escola como uma construção social, mediada pela interação dos diferentes atores sociais que nela vivem e com ela convivem. Da minha definição de escola reflexiva destacam-se as ideias de pensamento e reflexão, organização e missão, avaliação e formação. Por detrás desta concepção é fácil reconhecer a ideia de professor reflexivo que retirei de Schön. Mas subjaz-lhe também a noção de organização aprendente que fui beber em Senge (1994).

Ao refletir sobre o que é ser profissional e como formar um profissional, Schön defende a ideia de que a profissionalidade assenta numa

> atuação inteligente e flexível, situada e reativa, produto de uma mistura integrada de ciência, técnica e arte, caracterizada por uma sensibilidade de artista aos índices, manifestos ou implícitos, em suma, uma criatividade a que dá o nome de artistry. É um saber-fazer sólido, teórico e prático, inteligente e criativo que permite ao profissional agir em contextos instáveis, indeterminados e complexos, caracterizados por zonas de indefinição que de cada situação fazem uma novidade a exigir uma reflexão e uma atenção dialogante com a própria realidade que lhe fala (Alarcão, 1996: 13).

Esta ideia do profissional que reage em situação, interagindo com ela e sobre ela refletindo, é perfeitamente transponível para a ideia da organização (no nosso caso, a escola) que, atenta aos índices, manifestos ou implícitos, reage com a criatividade que resulta da sua interpretação dos índices situacionais e da sua capacidade de reflexão como caminho para agir.

A transposição que fiz encontrou sustentação teórica num outro autor, Senge, o criador do conceito de organização aprendente (*learning organization*), isto é, na sua definição: uma "*organização que está continuamente expandindo a sua capacidade de criar o futuro"* (1994: 14). Como digo em outro lugar, na concepção de Senge *et al.* (1994)

> reconhece-se à organização a capacidade de se pensar por meio do pensamento original dos seus membros, livremente expresso. Mas simultaneamente a capacidade de se desenvolver e de lhes proporcionar, a eles também, condições de aprendizagem coletiva e individual. (...) Trata-se de uma aprendizagem individual em ambiência de coletividade, uma aprendizagem cooperativa do conjunto das pessoas na organização (Alarcão, 2001*a*: 37).

Em síntese, a escola tem uma missão: educar. Pensa-se e organiza-se para saber como desempenhar essa missão num dado contexto temporal e sociocultural. Quer saber se está no bom caminho e para isso investiga-se e avalia-se a si própria.

É uma escola que sabe onde está e para onde quer ir. Pensa-se, tem um projeto orientador de ação e trabalha em equipe. É uma comunidade pensante. Ao pensar a escola, os seus membros enriquecem-se e qualificam-se a si próprios. Nessa medida, a escola é uma organização simultaneamente aprendente e qualificante.

Escola, comunidade com projeto

Enquadrado no que acabo de afirmar, assume particular relevância o movimento em favor da autonomia das escolas e do projeto de escola de que tanto se tem falado, nos últimos tempos, em alguns países, entre os quais se inclui

Portugal. Como ressalta Canário (1992), o estabelecimento de ensino tem vindo a assumir uma importância cada vez maior nos discursos e nas práticas educativas, a partir do início dos anos 1980, como resultado de tendências convergentes que se situam em três níveis distintos: o nível da investigação educacional (em que o estabelecimento de ensino emerge como novo objeto científico); o nível da mudança educacional (em que a escola aparece como construção social em que sobressai a importância da ação e da interação entre os diferentes atores sociais em presença); e o nível da formação (em que se privilegia a formação centrada nos estabelecimentos de ensino). Afirma ainda o referido autor que

> O projeto educativo surge como o instrumento, por excelência, da construção da autonomia do estabelecimento de ensino, e institui-se como um processo capaz de articular e fundir as três tendências que assinalamos. Corresponde a um processo de produção de conhecimentos (investigação), a um processo de mudança organizacional (inovação) e a um processo de mudança de representações e de práticas dos indivíduos (formação) (1992: 12).

Pergunta-se então, o que é um projeto de escola. De uma forma extremamente sucinta direi, com Macedo, que o projeto de escola é a carta de definição da política educativa da escola (Macedo, 1995: 113). De uma forma mais alargada, mas ainda sucinta, retomarei da mesma autora a definição de projeto educativo de escola como

> o cerne da política da escola — política distinta e original de cada comunidade educativa, definida na gestão de tensões positivas, princípios, normas nacionais e objetivos, necessi-

dades, recursos e modos de funcionamento específicos de cada escola (1995: 113).

O projeto aparece assim na sua dimensão de processo e de produto, de preferência e de referência. Esta ideia de um produto que se assume como referência é muito importante para o âmago deste texto: gerir a escola reflexiva. Mas igualmente importante é perceber o processo que dá lugar ao produto e que implica tomadas de decisão a que subjazem valorações e preferências.

Uma outra ideia que urge considerar é a de que, tendo a escola por missão educar e instruir, o projeto se deve centrar no modo como a escola se organiza para criar as condições de aprendizagem e desenvolvimento inerentes ao currículo, ponto que abordarei na seção seguinte.

O currículo no centro do projeto de escola

Perante a multiplicidade de sentidos que se atribuem ao conceito de currículo, convém explicitar que vou considerar o currículo no seu sentido lato, ou seja, como conjunto de aprendizagens proporcionadas pela escola e consideradas socialmente necessárias num dado tempo e contexto. A noção de currículo é central na noção de escola e tem de assumir um lugar de primeiro plano no projeto educativo de escola. Como afirma Roldão, é

> o currículo que legitima socialmente a escola, como instituição a quem a sociedade remete a "passagem" sistemática (das) aprendizagens tidas como necessárias (2000: 17).

Convido-vos, pois, meus leitores, a analisarem as consequências da minha afirmação anterior segundo a qual o projeto de escola se deve centrar no modo como a escola se organiza para criar as condições de aprendizagem e desenvolvimento inerentes ao currículo.

Salientei atrás que o projeto é uma construção social cujo processo de elaboração implica a tomada de decisões em relação a valores educativos. Central ao currículo e à escola está a noção de educação e de aprendizagem, correlacionadas com a de ensino e de avaliação de onde decorrem as de organização de espaços, tempos e recursos. A escola tem há vários anos vindo a ser organizada em termos de quatro princípios que Roldão designou como "*homogeneidade, segmentação, sequencialidade e conformidade*" (2001: 127) e de cuja operacionalização resulta a previsão de percursos iguais para todos, a organização dos alunos por turmas tanto quanto possível homogêneas e de composição estável, a existência de tempos e espaços previamente definidos e espartilhados em grades horárias, a progressiva segmentação disciplinar e a multidocência à medida que a informação ganha em profundidade e o conhecimento perde o significado do conjunto. Como afirma Barroso (1999), toda a organização escolar — dos tempos, das grades, dos espaços e dos recursos de aprendizagem — gira em torno da unidade turma. Com efeito, apenas as atividades extracurriculares e algumas curriculares de caráter inovador transgridem este princípio[4].

---

4. Em Portugal poderia assinalar o trabalho de projeto, o estudo acompanhado e as atividades da área escola como processos que pretendem romper com a organização de base disciplinar.

As escolas, os professores, os políticos e os pais começam a interrogar-se sobre se este paradigma organizacional de incrível uniformidade e o paradigma de educação e aprendizagem que lhe está subjacente (e que se baseia na ideia da transmissão linear do saber do professor para o aluno), se adequa à nova realidade caracterizada por: uma população escolar altamente heterogênea e massificada; acessibilidade da informação; exigência do conhecimento como bem social; requisitos da sociedade global relativamente aos saberes qualificados; necessidade de se explorarem as capacidades de trabalho individual e cooperativo para se transformar em conhecimento o saber que brota da assimilação das informações. Como afirma Tavares,

> as sociedades modernas e pós-modernas rejeitam as formas tradicionais e clássicas de aprender e querem aprender optando por modalidades menos estruturadas e mais pessoais que atendam aos níveis de desenvolvimento, aos ritmos, aos estilos, às características de cada pessoa e aos seus contextos (1996: 91).

Em 1995, numa comunicação em Congresso realizado no Rio de Janeiro, Alarcão e Tavares alertavam para a necessidade de se romper com os paradigmas tradicionais de educação e formação (Alarcão e Tavares, 2001). Também em 2001, Roldão fala da ruptura de paradigma de escola e da substituição dos princípios de homogeneidade, segmentação, sequencialidade e conformidade pelos de diversificação, finalização, reflexividade e eficácia (2001: 129).

Neste paradigma novo, a noção de grupo de aprendizagem, a reconstituir-se em função das necessidades ou dos objetivos, deveria substituir a de turma fixa, o que obviamente implica outras formas de organização da relação do aluno com os professores, com as fontes de informação e com o saber. No mesmo sentido se pronunciou Perrenoud, aquando de uma conferência proferida na Fundação Calouste Gulbenkian em Lisboa, em novembro de 2001. Idealizou uma nova organização do trabalho na escola, baseada em objetivos (e não tanto em programas), em ciclos de aprendizagem plurianuais (em vez de ciclos anuais), em grupos flexíveis (em vez de turmas imutáveis), em módulos intensivos (em vez de grelhas horárias do tipo zapping), em projetos pluridisciplinares (em vez de capelinhas disciplinares), em tarefas escolares à base de problemas e de projetos (em vez dos exercícios clássicos).

Eu afirmei que Perrenoud idealizou, porque o autor, ele próprio, reconheceu as dificuldades de implementar estas novas formas de organização sem romper com o paradigma vigente e, muito realisticamente, apontou as dificuldades de se romper com este paradigma. Concordo com o sentido de realidade que o autor imprimiu ao seu discurso e acho que poderia ser perigoso para o sistema educativo e para a educação em geral uma ruptura brusca com o *status quo*.

Mas considero inevitável um afastamento progressivo do *status quo* se efetivamente queremos mudar a cara da escola. E é aí que pode entrar a minha concepção de escola reflexiva como escola inteligente que decide o que deve fazer em cada situação específica e registra o seu pensamento no projeto educativo que pensa para si. Só essa escola, situada e reativa, caracterizada pela sua sensibilidade aos índices contextuais, é capaz de agir com flexibilidade nos contextos complexos, diferenciados e instáveis que hoje caracterizam as situações das organizações escolares. Só através dessa atenção dialogante com a própria realidade que lhe fala é que a escola será capaz de agir adequadamente, que o mesmo é dizer, agir em situação.

Parece oportuno, neste momento, ligar as duas ideias chave que até este momento têm estado presentes: a ideia de escola reflexiva e a ideia de projeto educativo de escola.

A escola reflexiva tem, como vimos, a capacidade de se pensar para se projetar e desenvolver. O projeto de escola, na sua dimensão de produto, é um documento. Mas esse projeto/documento resulta de um processo de pensamento sobre a missão da escola e o modo como ela se organiza para cumprir essa missão. Mas é também o resultado de um processo de vontade para concretizar, na ação, um projeto delineado, o que faz com que ele, uma vez aprovado se constitua como referência sistemática de atuação e avaliação. Assim, não será *"projeto por decreto"*, nem *"projeto mosaico"*, *conglomerado de projetos setoriais avulsos*, nem *"projeto ghetto"*, *marginal e aceite por um só setor* (Barroso, 1992). Será o projeto de toda a escola reveladora de um pensamento sistemático baseado no confronto de ideias e no diálogo construtivo que solidifica as comunidades.

O projeto deve basear-se numa visão prospectiva e estratégica do que se pretende para a escola, uma visão interpretativa da sua missão e alicerçada nos valores assumidos pelo coletivo dos atores sociais presentes na vida da escola. Dessa visão decorrem políticas e metas enquadradoras dos planos de ação operacionais. É nestes que devem emergir, de forma mais concreta, os objetivos, as estratégias e o resultado da análise dos recursos disponíveis ou necessários a médio e a curto prazo. A construção do projeto é um processo de implicação das pessoas, de negociação de valores e percepções, de diálogo clarificador do pensamento e preparador de decisões. Deste processo resulta, como produto, o documento chamado "Projeto educativo da escola" que, uma vez aprovado, tem de passar a constituir-se como referência para a ação.

Gerir uma escola reflexiva é gerir uma escola com projeto

Em outros lugares, tenho considerado as características da escola reflexiva (Alarcão, 2001*a*, *b* e *c* e Alarcão, 2002) pelo que, neste texto, decidi aprofundar o tema da sua gestão. Se, subjacente à ideia de escola reflexiva está a de uma escola detentora de uma determinada filosofia (evidenciada no seu projeto), a consciência de uma missão de serviço social (que autônoma e responsavelmente assume), a inserção num determinado contexto (que conhece bem e com o qual interage), a participação de todos os atores nela implicados, a construção individual e coletiva de saberes e aprendizagens, a abertura de espírito e a felicidade individual, então este *desideratum* implica a existência de um tipo de organização e de gestão que caracterizarei como: participada, determinada, coerente, desafiadora e exigente, interativa, flexível e resiliente face às situações, avaliadora, formadora.

Se compararmos estas características com as dimensões que emergem das investigações realizadas sobre as escolas eficazes, verificamos a presença de denominadores comuns. Assim, as investigações sobre as escolas eficazes têm vindo a salientar uma série de variáveis que Zabalza (1992) sintetiza do seguinte modo:

— liderança efetiva e orientada no sentido da melhoria da educação (e não apenas limitada ao desempenho de funções administrativas);
— clima de escola ordenado e disciplinado;
— articulação e organização curriculares concensualizadas sobre objetivos a atingir e procedimentos para os alcançar;
— coordenação entre os níveis;
— organização dos recursos;
— participação das famílias;
— continuidade, promoção e oportunidades de formação para os professores;
— sentimento de vinculação à escola;
— expectativas de êxito generalizado[5].

A estes nove itens eu gostaria de acrescentar o saber que resulta da epistemologia da prática e de explicitar que a liderança se deve apoiar numa visão e num projeto assumidos por todos.

Só um modelo democrático de gestão se coaduna com o conceito de escola reflexiva. Por modelo democrático de

---

5. É interessante notar a presença de alguns destes fatores na identificação das cinco características essenciais, presentes em 60 redes que se constituíram para ativar a melhoria das escolas (Parker, 1977, referido em Libermann, 2000). São elas: um forte comprometimento com uma ideia; objetivos partilhados; uma mistura de partilha de informação e apoio psicológico; a presença de facilitadores que assegurem a participação voluntária e o tratamento igual; *ethos* igualitário.

gestão entendo um modelo organizacional em que todos e cada um se sente pessoa. E ser pessoa é ter papel, ter voz e ser responsável. Um modelo em que cada um se considera efetivamente presente ou representado nos orgãos de decisão. E em que há capacidade real de negociação e de diálogo capaz de ultrapassar as dicotomias entre o eu e o nós, entre os administrativos e os professores, entre os professores e os alunos, entre os pais e os professores, entre os diferentes orgãos dentro da escola, entre a decisão casuística e a decisão determinada por princípios gerais, e entre aquilo a que Barroso (1992) chama a dicotomia entre a lógica do desejo e a lógica de ação.

Todos nós que habitamos a escola sabemos que fazemos parte de um sistema social onde coexistem diferentes atores, diferentes filosofias, diferentes percepções e objetivos e muitos jogos de poder conflituosos. A gestão de uma escola reside na capacidade de mobilizar cada um para a concretização do projeto institucional, sem perder nunca a capacidade de decidir.

Gerir uma escola reflexiva é nortear-se pelo projeto de escola, em constante desenvolvimento e tomar as decisões adequadas no momento certo. Relembro que o projeto deve ter sido coletivamente construído e centrar-se sobre o núcleo duro da atividade da escola: a adaptação contextualizada do currículo enquanto projeto nacional e a sua gestão em tudo o que isso implica de gestão de alunos, professores, funcionários, espaços, equipamentos, horários, recursos e, sobretudo, gestão de aprendizagens. Mas relembro também que o projeto pode restar um documento inerte se não houver o envolvimento continuado das pessoas. São as pessoas que, na qualidade de atores sociais, dão vida aos projetos, desenvolvendo atividades várias, e mobilizando, nesse sentido, as estratégias que se lhes apresentam como conducentes à realização das tarefas a executar.

Gerir uma escola reflexiva é, pois, ser capaz de mobilizar as pessoas para serem esses atores sociais e transformarem o projeto enunciado em projeto conseguido ou o projeto visão em projeto ação.

Gerir uma escola reflexiva implica ter um pensamento e uma atuação sistêmica que permita integrar cada atividade no *puzzle* global e não deixar-se navegar ao sabor dos interesses individuais ou das influências de grupos instituídos.

A reflexão sobre a gestão de uma escola reflexiva leva-me de novo às cinco dimensões identificadas por Senge para as instituições aprendentes: liderança, modelo mental, visão partilhada, aprendizagem em grupo e pensamento sistêmico. Nelas entronco a convicção de que o saber (relação com o saber) se desenvolve na interação com a tarefa de educar, tarefa que coloca o educando no centro da missão da escola (conceito de educação), mas também a certeza de que o poder para organizar a educação não reside nas mãos individuais; pelo contrário, ele resulta das interações que entre todos se desenvolvem com vista ao pensamento sobre o ato de educar e à criação de condições contextualizadas para que esse maravilhoso fenômeno possa acontecer.

Conclusão

A título de conclusão, apresento alguns postulados para a gestão de uma escola reflexiva.

Gerir uma escola reflexiva é:

— ser capaz de liderar e mobilizar as pessoas;
— saber agir em situação;
— nortear-se pelo projeto de escola;
— assegurar uma atuação sistêmica;
— assegurar a participação democrática;
— pensar e escutar antes de decidir;
— saber avaliar e deixar-se avaliar;
— ser consequente;
— ser capaz de ultrapassar dicotomias paralizantes;
— decidir;
— acreditar que todos e a própria escola se encontram num processo de desenvolvimento e de aprendizagem.

O resultado de gerir uma escola reflexiva é ter a satisfação de saber que a sua instituição tem rosto próprio e é respeitada por isso mesmo: porque é a escola X ou a escola Y, com nome próprio, com identidade.

Referências bibliográficas

ALARCÃO, I. Reflexão crítica sobre o pensamento de D. Schön e os programas de formação de professores. *Cadernos CIDInE*, 1, 1991, p. 5-22. (Esgotado. O texto, com pequenas alterações, foi publicado em ALARCÃO, I., 1996.)

_____. (Org.). *Formação reflexiva de professores.* Estratégias de supervisão. Porto: Porto Editora, 1996. Coleção CIDInE, (Reimpressão em 2000).

_____. Do olhar supervisivo ao olhar sobre a supervisão. In: RANGEL, M. (Org.). *Supervisão pedagógica.* Princípios e práticas. Campinas: Papirus, 2001c.

_____. A escola reflexiva. In: ALARCÃO, I. *Escola reflexiva e nova racionalidade.* Porto Alegre: Artmed, 2001b.

_____. (Org.). *Escola Reflexiva e Nova Racionalidade.* Porto Alegre: Artmed, 2001a.

_____. Escola reflexiva e desenvolvimento institucional. Que novas funções supervisivas? In: OLIVEIRA-FORMOSINHO, J. (Org.). *A supervisão na formação de professores I.* Da sala à escola. Porto: Porto Editora, 2002. (Coleção Infância).

ALARCÃO, I.; TAVARES, J. *Supervisão da prática pedagógica.* Uma perspectiva de desenvolvimento e aprendizagem. Coimbra: Almedina, 1987. (2ª edição, amplamente desenvolvida, 2003).

BARROSO, J. Da cultura da homogeneidade à cultura da diversidade: construção da autonomia e gestão do currículo. In: *Forum Escola, Diversidade e Currículo*. Lisboa: Ministério da Educação-DEB, 1999, p. 79-92.

BENNE, K. D.; BRADFORD, L. P.; LIPPITT, R. The laboratory method. In: BRADFORD, L. P.; GIBBS, J. R.; BENNE, K. D. (eds.) *T. group theory and laboratory method*: innovation and re-education. New York: John Wiley and Sons, 1964.

BARTH, B. M. *Le savoir en construction*: Former à une pédagogie de la compréhension. Paris: Retz, 1993.

CANÁRIO, R. (Org.). Nota de apresentação ao livro *Inovação e projecto educativo de escola*. Lisboa: EDUCA, 1992.

CARREIRA, J. S. *O papel do conhecimento prévio na compreensão em leitura*: estratégias de activação e desenvolvimento. Tese (Mestrado) — Universidade de Aveiro (documento policopiado — não publicado), 2000.

CLANDININ, D. J. *Classroom Practice*: Teacher Images in Action. London: Falmer Press, 1986.

_____; CONNELLY, F. M. Narrative and story in practice and research. In: SCHÖN, D. (ed.). *The Reflective Turn. Case Sudies in and on Educational Practice*. New York: Teachers College Press, 1991.

CLARK, C. Asking the right questions about teacher preparation: contributions of research on teacher thinking. *Educational Researcher*, 17 (2), p. 5-12, 1988.

_____; PETERSON, P. Teachers'thought processes. In: WITTROCK, M. C. (ed.). *Handbook of Research on Teaching*. New York: Macmillan, 1986.

COCHINAUX, P.; WOOT, P. *Moving towards a Learning Society*. A CRE-ERT (Forum Report on European Education), 1995.

DELORS, J. et al. *Educação. Um tesouro a descobrir*. Relatório para a Unesco da Comissão Internacional sobre a Educação para o Século XXI. Porto: Edições ASA, 1996.

_____. (Coord.). *Educação: um tesouro a descobrir*. Relatório para a Unesco da Comissão Internacional sobre Educação para o Século XXI. 6. ed. São Paulo/Brasília: Cortez/Unesco, 2001.

DRUMMOND DE ANDRADE, C. *Cadeira de balanço*. 20. ed. Rio de Janeiro: Record, 1992.

EDWARDS, A. *Researching pedagogy*. A sociocultural agenda (texto não publicado cedido pela autora), 2001.

ELBAZ, F. *Teacher Thinking*: a Study of Practical Knowledge. London: Croom Helm, 1983.

GONÇALVES, M. L. S. *Para uma aprendizagem significativa*: a gestão personalizada do currículo ou a gestão de eu-afectivo. Tese (Mestrado) — Universidade de Aveiro (documento policopiado — não publicado), 2002.

KOLB, D. *Experiential Learning. Experience as the Source for Learning and Development.* Englewood Cliffs, N.J.: Prentice-Hall, 1984.

LIEBERMANN, A. Networks as learning communities. Shaping the future of teacher development. *Journal of Teacher Education*, *51* (3), p. 221-227, 2000.

LONGWORTH, N.; DAVIES, W. K. *Lifelong Learning*. Kogan Page, 1996.

LYOTARD, J-F. *La Condition Postmoderne*. Paris: Minuit, 1979.

MACEDO, B. *A construção do projecto educativo de escola*. Processos de definição da lógica de funcionamento da escola. Lisboa: Instituto de Inovação Educativa, 1995.

MAMEDE, M. A. A supervisão de um centro de aprendizagem. In: ALARCÃO, I. *Escola reflexiva e supervisão*. Uma perspectiva de desenvolvimento e aprendizagem. Porto: Porto Editora, 2001. (Coleção CIDInE.)

MORIN, E. *A cabeça bem-feita*. Repensar a reforma, reformar o pensamento. Rio de Janeiro: Bertrand Brasil, 2000.

NÓVOA, A. O espaço público da educação: imagens, narrativas e dilemas. In: PROST, A. *et al. Espaços de educação.* Tempos de formação. Lisboa: Fundação Calouste Gulbenkian, 2002.

PERRENOUD, P. *Porquê construir competências a partir da escola?* Porto: ASA, 2001.

_____. Espaces-temps de formation et organisation du travail. In: PROST, A. *et al. Espaços de educação*. Tempos de formação. Lisboa: Fundação Calouste Gulbenkian, 2002.

PIMENTA, S. G.; GHEDIN, E. *Professor reflexivo no Brasil*. Gênese e crítica de um conceito. São Paulo: Cortez, 2002.

RAPOSO, N. *A educação na sociedade do conhecimento*. Oração de Sapiência. Coimbra: Universidade de Coimbra, 2001.

ROLDÃO, M. do C. *Formar professores*. Os desafios da profissionalidade e o currículo. Universidade de Aveiro: CIFOP, 2000.

_____. A mudança anunciada da escola ou um paradigma de escola em ruptura? In: ALARCÃO, I. (Org.). *Escola reflexiva e nova racionalidade*. Porto Alegre: Artmed, 2001.

SÁ-CHAVES, I. A formação de professores numa perspectiva ecológica. Que fazer com esta circunstância? Um estudo de caso na Universidade de Aveiro. In: SÁ-CHAVES, I. *Percursos de formação e desenvolvimento profissional*. Porto: Porto Editora, 1997. (Coleção CIDInE.)

_____. *Portfólios reflexivos*. Estratégia de formação e de supervisão. Aveiro: Universidade de Aveiro (Unidade de Investigação Didática e Tecnologia na Formação de Professores), 2000.

SCHÖN, D. *The Reflective Practitioner*: How Professionals Think in Action. New York: Basic Books, 1983.

_____. *Educating the Reflective Practitioner*. San Francisco: Jossey Bass, 1987.

SENGE, P. *The Fifth Discipline*: The Art and Practice of the Learning Organization. 2nd ed. New York: Currency Doubleday, 1994 (2. ed.).

SENGE, P. et al. *The Fifth Discipline Fieldbook*. Strategies and Tools for Building a Learning Organization. Nova York: Doubleday, 1994.

SHULMAN, L. Those who understand: knowledge growth in teaching. *Educational Researcher*, 15 (2), p. 4-14, 1986.

_____. Renewing the pedagogy of teacher education. The impact of subject-specific conceptions of teaching. In: MONTERO MESA, M. L.; VAZ JEREMIAS, J. M. (eds.). *Las didácticas específicas en la formación del profesorado*. Santiago de Compostela; Tórculo ed., 1993.

SMYTH, J. Developing and sustaining critical reflection in teacher education. *Journal of Teacher Education*, v. XXXX, n. 2, 1989, p. 2-9, 1989.

TAVARES, J. *Uma sociedade que aprende e se desenvolve*. Relações interpessoais. Porto: Porto Editora, 1996. (Coleção CIDInE.)

_____. A formação como construção do conhecimento científico e pedagógico. In: SÁ-CHAVES, I. *Percursos de formação e desenvolvimento profissional*. Porto: Porto Editora, 1997. (Colecção CIDInE.)

_____; ALARCÃO, I. *Psicologia do desenvolvimento e da aprendizagem*. Coimbra: Almedina, 1985 (Reedição em 1989, 1990 e 1997).

TAVARES, J.; ALARCÃO, I. Paradigmas de formação e investigação no ensino superior no terceiro milênio. In: ALARCÃO, I. (Org.). *Escola reflexiva e nova racionalidade*. Porto Alegre: Artmed, 2001.

TOM, A. Replacing pedagogical knowledge with pedagogical questions. In: SMYTH, J. (ed.). *Educating Teachers*. Changing the Nature of Pedagogical Knowledge. London: The Falmer Press, 1987.

VIEIRA, F. *Autonomia na aprendizagem da língua estrangeira*. Braga: Instituto de Educação e Psicologia. Universidade do Minho, 1998.

YINGER, R. Examining thoughts in action. *Teaching and Teacher Education*, 2 (3), p. 263-282, 1987.

ZABALZA, M. A. Do currículo ao projeto de escola. In: CANÁRIO, R. (Org.). *Inovação e Projeto Educativo de Escola*. Lisboa: EDUCA, 1992.

ZEICHNER, K. M. *A formação reflexiva de professores*: Ideias e práticas. Lisboa: EDUCA, 1993.

Impressão e Acabamento

(011) 4393-2911